विज्ञान पर निबंध
(COLOR)

विवेक कुमार पांडे शंभुनाथ

Copyright © Mr Vivek Kumar Pandey Shambhunath
All Rights Reserved.

ISBN 978-1-68509-402-7

This book has been published with all efforts taken to make the material error-free after the consent of the author. However, the author and the publisher do not assume and hereby disclaim any liability to any party for any loss, damage, or disruption caused by errors or omissions, whether such errors or omissions result from negligence, accident, or any other cause.

While every effort has been made to avoid any mistake or omission, this publication is being sold on the condition and understanding that neither the author nor the publishers or printers would be liable in any manner to any person by reason of any mistake or omission in this publication or for any action taken or omitted to be taken or advice rendered or accepted on the basis of this work. For any defect in printing or binding the publishers will be liable only to replace the defective copy by another copy of this work then available.

About Book

आवश्यकता अविष्कार की जननी होती है। अनादी काल से ही मनुष्य को जिन-जिन चीजों की जरूरत होती गई है उन्हें पाने के लिए वह खोज करता रहता है। इन्हीं नये तरीकों और आविष्कारों ने विज्ञान को जन्म दिया है। जिसका फल यह हुआ है कि आज विज्ञान की इतनी प्रगति हुई है कि इसको चमत्कार कहना अत्युक्ति होगी क्योंकि विज्ञान ने ही जीवन के प्रत्येक क्षेत्र में आश्चर्यजनक अविष्कार करके एक चमत्कार उत्पन्न कर दिया है।

क्रम-सूची

भूमिका vii

1. विज्ञान के चमत्कार पर निबंध 1
2. विज्ञान वरदान या अभिशाप पर निबंध 7
3. कंप्यूटर पर निबंध 14
4. दूरदर्शन के लाभ, हानि और महत्व पर निबंध 19
5. इंटरनेट पर निबंध 26
6. मानव और विज्ञान पर निबंध 32
7. समाचार पत्र पर निबंध 35
8. बिजली के उपयोग पर निबंध 44
9. ई-कॉमर्स व्यवसाय पर निबंध 48

• v •

भूमिका

Author biography

MY NAME IS VIVEK KUMAR PANDEY . I WAS BORN IN 30 SEP 2002,I AM FROM SURAT GUJARAT INDIA.MY DREAM WAS TO BE GOOD WRITERS ,MY FAMILY SUPPORTED ME TO SUCCESSFUL AND I CAN DO IT MY SELF.How do I write? That is a question, I believe, that cannot be honestly answered by me."CELEBRATING YOUNGEST WRITER AWARD WINNER IN GUJARAT 1ST RANK" MR PANDEY JI . I may think I did a good job writing something when in reality it could be horrible. The reader is the one who decides the quality of my writing. I do not find writing to be natural to me and therefore find it to be a real challenge. My trick as a challenged writer is to do the best I can and know that I am happy with the final outcome. It may take a while to do my best and there may be quite a few problems I run into along the way.

I am not a greedy person those who are thinking about me and my self I never tried it anyone people suffering from sadness ,I trying to get promoted people suffering from happiness and joy in your Life Time. Now in current situation in India and also world people are unemployed and have no many but our indian governor help to people to get free food from ration card , i also take part in leadership team ,i am Motivational speaker , Film script writer. There was my two dream firstly writer and secondly actor & also my own film is upcoming soon i done almost completely completed script for my film .I AM GOING TO SAY WORD OF HEART TOUCH OUT PLEASE READ IT" , firstly i thanks my father he supports me in this field they always getting inspired me by own his words and behavior ,they always said that he was a biggest person in the world in future and also they purchase fruit and chocolate for me in anytime & anyway , firstly my father buy him then call me Vivek you want a chocolate i will say yes papa but how many tell me ,papa: you tell me how much i buy him i told 1 or 2 chocolate but my father purchase whole the boxes of chocolate and they get suprised me. MY FATHER WAS BORN IN " 20 SEPTEMBER" 1971 IN INDIA.

1) MY FATHER FAVORITE CLOTHES IS KURTA PAIJMA AND ALSO STYLES SHOE

2) FAVORITE SINGER IS KISHORE DA

3) FAVORITE STATE GUJARAT AND KOLKATA , HIS VILLAGE IN BIHAR

4) FAVORITE COLOR BLACK AND WHITE

THEY ALSO LOVE cricket like IPL and one day t-20 .they also like watching a News daily and heard the song daily ,they also interested in tik tok video but in current time tik tok is banned in india but also few videos are in you tube. In lockdown time my family and me very enjoy day daily. my father play daily ludo with his sister and son, daughter.they always loved tea and coffee anytime call me "। विवेक थोड़ा चाय बनाओना विवेक तुम्हारे हाथ का चाय अच्छा लगता है". I make it tea for my father but some reason after the April to june they are suffering from fever and cough , weakness on 6 June 2020 my father death. they not told me say bye bye his life. After death of 6 June on 10 june my mom and dad anniversary.but my father is Best in the world they can do anything for me please take care of father and respect it of your parents

1
विज्ञान के चमत्कार पर निबंध

विज्ञान के चमत्कार पर निबंध

भूमिका : आवश्यकता अविष्कार की जननी होती है। अनादी काल से ही मनुष्य को जिन-जिन चीजों की जरूरत होती गई है उन्हें पाने के लिए वह खोज करता रहता है। इन्हीं नये तरीकों और आविष्कारों ने विज्ञान को जन्म दिया है। जिसका फल यह हुआ है कि आज विज्ञान की इतनी प्रगति हुई है कि इसको चमत्कार कहना अत्युक्ति होगी क्योंकि विज्ञान ने ही जीवन के प्रत्येक क्षेत्र में आश्चर्यजनक अविष्कार करके एक चमत्कार उत्पन्न कर दिया है।

रोज में होने वाले वैज्ञानिक आविष्कार संसार में नूतन क्रांति कर रहे हैं। आज विज्ञान के कारण हमारे कठिन काम को बहुत ही आसानी से पूरा किया जा सकता है। आज विज्ञान के इतने अविष्कारों के कारण मानव इतना मजबूत हो गया है कि वह दुनिया के हर क्षेत्र में आगे बढ़ रहा है।

विज्ञान की तकनीक की वजह से आज के मानव ने दुनियाभर की चीजों पर काबू पा लिया है। विज्ञान की मदद से हम एक गृह से दूसरे गृह पर बहुत ही आसानी से जा सकते हैं। विज्ञान की मदद से हम समुद्र में भी साँस ले सकते हैं। आज के समय में विज्ञान के बढ़ते अविष्कार की

वजह से ही मानव चंद्रमा और मंगल जैसे गृहों पर रहने के लिए बहुत सी योजनायें बना रहा है। पुरातन काल की असंभव चीज को आज विज्ञान के द्वारा संभव किया जा चुका है।

विज्ञान का अर्थ : विज्ञान दो शब्दों से मिलकर बना है- वि+ज्ञान। जिसमें वि उपसर्ग लगा है। वि का अर्थ होता है विशेष, अथार्त दुनिया का विशेष ज्ञान। विशेष ज्ञान वह होता है जो किसी भी कल्पना और अंधविश्वास पर नहीं टिका होता है। विज्ञान किसी संभावना को उस समय तक स्वीकार नहीं करता है जब तक कि कोई कारण बुद्धि के सामने प्रत्यक्ष रूप से न आ जाए। विश्वसनीय सिर्फ वही होता है जिसका प्रयोगात्मक अध्धयन संभव हो। प्रयोग पर प्रमाणिकता का सिद्ध होना इसकी सबसे बड़ी कसौटी है।

वरदान के रूप में : विज्ञान ने जितनी प्रगति इस शताब्दी में की है उतनी उससे पहले नहीं की थी। इस शताब्दी में तो विज्ञान ने हर क्षेत्र में अपने वरदान को सिद्ध किया है। विज्ञान ने फ़्रांस, जापान, जर्मनी, इंग्लैण्ड, रूस, अमेरिका आदि देशों के विभिन्न क्षेत्रों में बहुत ही आश्चर्यजनक आविष्कार करके खुद को उन्नति के शिखर पर पहुंचा दिया है।

1. यातायात के क्षेत्र में : जिस क्षेत्र की यात्रा को करने में मनुष्य दिनों व महीनों को लगाता था आज के समय में उस यात्रा को घंटों में ही पूरा कर लेता है। मोटर कार, हवाई जहाज, रेलगाड़ी, बस, पानी के जहाज, हैलिकोप्टर आदि सभी यातायात के प्रमुख साधन हैं। इन साधनों ने सारे संसार को सीमित करके एक धागे में बांध दिया है। आज के समय में सारा संसार एक राष्ट्र-सा लगने लगा है।

आज विज्ञान यातायात के क्षेत्र में दिन दूनी और रात चौगुनी तरक्की कर रहा है। जहाँ पर पहले आम लोगों के लिए ज्यादा किराया होने की वजह से हवाई यात्रा एक सपना हुआ करता था। आज के समय में बदलते दौर के साथ आम लोग भी हवाई यात्रा का किराया दे पाते हैं और हवाई यात्रा का आनंद भी ले पाते हैं। पिछले दस सालों में लगभग हर घर में कार और मोटरसाईकिल पहुंच गयी है जो केवल विज्ञान की प्रगति की वजह से संभव हो पाया है।

2. शक्ति साधनों के क्षेत्र में : प्राचीनकाल में मनुष्य केवल शक्ति अथवा पशु शक्ति से ही अपने सारे कामों को पूरा करता था। आज के समय में विज्ञान ने मनुष्य को भाप, खनिज, तेल, कोयला, व बिजली को असीमित शक्ति के रूप में प्रदान किया है। बिजली के आविष्कारों ने चारों तरफ चकाचौंध कर दिया है। बिजली एक तरफ तो हमें शक्ति देती है तो दूसरी तरफ रौशनी देकर रात को दिन की तरह बना देती है। आज के समय में बिजली ने मनुष्य का बहुत कल्याण किया है। भोजन, चाय, वस्त्र, प्रक्षालन, भवन की सफाई आदि सभी काम बिजली की मदद से पूरे हो जाते हैं।

3. चिकित्सा के क्षेत्र में : आज का विज्ञान इतना आगे बढ़ चुका है कि उसने अन्य क्षेत्रों के साथ-साथ चिकित्सा के क्षेत्र में भी बहुत उन्नति की है। कुछ सालों पहले तक कैंसर एक बहुत ही बड़ी और जानलेवा बीमारी थी जिसे खत्म नहीं किया जा सकता था लेकिन आज विज्ञान ने इसे खत्म करने के लिए बहुत से तरीके खोज निकालें हैं।

विज्ञान ने चिकित्सा के क्षेत्र में मनुष्य को एक नूतन जीवन प्रदान किया है। जिन असाध्य रोगों और महामारियों को मनुष्य प्रकृति का प्रकोप और अभिशाप समझकर चुप लगा जाता था आज विज्ञान ने उन्हें दूर करने के लिए अनेक साधन उपलब्ध करा दिए हैं। हैजे, चेचक, प्लेग जैसी बिमारियों को विज्ञान ने जड़ से समाप्त करने के कई साधन उपलब्ध करा दिए हैं।

विज्ञान ने इंजैक्शन, एक्सरे, रेडियम और विद्युत् चिकित्सा ने एक मरे हुए इंसान में प्राण डाल दिए हैं। शल्य चिकित्सा द्वारा मनुष्य ने अद्भुत और आश्चर्यजनक सफलता को प्राप्त किया है। विज्ञान द्वारा रोगी के शरीर को चीरकर उस पर कृत्रिम अवयवों को जोडकर, एक बहुत ही अद्भुत उपचार किया है।

यह सभी विज्ञान के बढ़ते विकास के कारण ही संभव हो पाया है। चिकित्सा क्षेत्र में आइसोटोप का निर्माण मुम्बई से 15 मील दूर ट्राम्बे नामक स्थान में हो रहा है। आइसोटोप के द्वारा आज अनेक औषधियां बनने लगी हैं। परिवार नियोजन के क्षेत्र में भी विज्ञान उपयोगी सिद्ध हो रहा है।

4. संचार के क्षेत्र में : संचार के क्षेत्र में भी विज्ञान ने एक अद्भुत प्रगति की है। पहले जिस समाचार को एक स्थान से दुसरे स्थान तक पहुँचाने में दिन और महीने लगते थे लेकिन आज उस समाचार को पहुँचाने में मिनट या सेकेण्ड लगते हैं। संसार में किसी भी क्षेत्र में घटने वाली कोई भी घटना सारे संसार में बिजली की तरह फैल जाती है।

संचार के क्षेत्र में रेडियो और टेलीविजन ने एक अद्भुत सफलता प्राप्त की है। संसार के किसी भी क्षेत्र में घटने वाली घटना को रेडियो और टेलीविजन द्वारा प्रसारित किया जाता है। वैश्वीकरण के इस दौर में दुनिया की खबर को हम घर बैठे अपने मोबाईल फोन से प्राप्त कर सकते हैं। फेसबुक, ट्विटर, वाट्सऐप के सहारे हम अपने संगे संबंधियों से कोशों दूर रहकर भी उनसे 24 घंटे में जुड़ जाते हैं।

5. औजारों के क्षेत्र में : आधुनिक युग में टॉप बम्ब, टैंक, प्रक्षेपास्त्रों के द्वारा युद्ध किया जाता है। बमवर्षक विमानों ने युद्ध में एक महत्वपूर्ण भूमिका निभाई है। अंतरमहाद्वीपीय प्रक्षेपास्त्र जिनकी मार 10000 किलोमीटर तक है संसार को पूर्ण विनाश की तरफ ले जा रही है। बहुत से देशों जैसे- रूस, अमेरिका, चीन, ब्रिटेन आदि ने इस दिशा में प्रचूर प्रगति की है।

आज के समय में अणु बम्ब, उद्जन बम्ब ये सभी विनाश के ही पर्याय हैं। अणु शक्ति का विकास विज्ञान का महत्वपूर्ण चमत्कार है। अणु शक्ति को यदि विनाश की जगह पर रचना की तरफ लगाया जाए तो इससे मानव जाति को बहुत बड़ा लाभ होगा। रेगिस्तान को हरे-भरे खेतों में बदला जा सकता है। बनावटी वर्षा की जा सकती है। गर्मी और सर्दी को उत्पन्न किया जा सकता है। परमाणु शक्ति से उत्पन्न बिजली बहुत ही सस्ती पड़ेगी।

6. मनोरंजन के क्षेत्र में : मनोरंजन के क्षेत्र में विज्ञान ने अपना बहुत योगदान दिया है। मनोरंजन करना मनुष्य की स्वाभाविक प्रकृति होती है। विज्ञान की प्रगति के साथ मनोरंजन के साधनों में भी प्रगति हुई है। चलचित्र, वीडियो, दूरदर्शन, खेल आदि सभी मनोरंजन के आधुनिक और वैज्ञानिक साधन हैं। आज के समय का मनुष्य घर पर बैठे दूरदर्शन पर फिल्म देखकर अपना भरपूर मनोरंजन कर लेता है।

7. औद्योगिक क्षेत्र में : विज्ञान ने सुख के उपयोग के लिए अनेक प्रकार की सामग्री जुटाई है। पहले लोग ऊन या फिर सूत के वस्त्र पहनते थे। लेकिन अब नाइलोन और टैरालीन के वस्त्र पहनते हैं। ये वस्त्र ज्यादा चलने वाले और ज्यादा चमकीले होते हैं। आज के विशाल कारखाने देखते-ही-देखते माल का ढेर लगा देते हैं। इन कारखानों में बहुत सी मशीने अपने-आप चलने वाली होती है। आज हमारे देश के इंजन, बिजली का सामान, टेलीफोन, मशीनें, खिलौने, जूते विदेशों में बहुत बड़ी संख्या में भेजे जाते हैं।

8. कृषि के क्षेत्र में : आज के समय में ऐसी मशीनें बन गई हैं जो जोतने, फसल काटने, अनाज तैयार करने आदि का काम करती हैं। कीटनाशक दवाईयों का छिडकाव करके फसलों को रोगों से बचाया जाता है। रासायनिक खाद से फसल दुगुनी-चौगुनी पैदा की जा सकती है।

अभिशाप के रूप में : किसी चीज की अधिकता भी नाश का एक प्रमुख कारण होती है। विज्ञान ने जितने भी साधन मनुष्य को उपलब्ध कराए हैं वो सभी उसके सुविधा के लिए ही उपलब्ध कराए गये हैं लेकिन अगर उनका उपयोग गलत ढंग से और ज्यादा किया जायेगा तो वे हमारे लिए घटक सिद्ध होते हैं।

यातायात के साधनों ने जहाँ पर मनुष्य के समय की बचत की है तो वहीं पर उससे अनेक दुर्घटनाएं भी होती रहती हैं। हम अक्सर सुनते रहते हैं कि विमान, रेलगाड़ी, बसों की दुर्घटना में हजारों व्यक्ति एक ही पल में मौत को प्राप्त हो गये। आज के समय में इन साधनों ने मानव जीवन को बिलकुल क्षणिक बना दिया है।

बिजली ने आज के मनुष्य को गुलाम बना लिया है। हर दैनिक काम बिजली से ही समाप्त होता है। थोड़ी-सी असावधानी से ही बहुत बड़ी दुर्घटना हो जाती है। वैज्ञानिक प्रगति का एक सबसे बड़ा अभिशाप अत्याधुनिक अस्त्र-शस्त्रों का आविष्कार है। प्राचीनकाल के युद्धों में केवल सेना को नुकसान पहुंचाया जाता था लेकिन आज ऐसे शस्त्रों का निर्माण किया गया है जिनकी वजह से अबोध जनता, पशु-पक्षी, सारा प्राणी जगत ही मृत्यु को प्राप्त हो जाता है।

उपसंहार : विज्ञान के नित नए आविष्कार हमारे जीवन में प्रतिदिन चमत्कार उत्पन्न कर रहे हैं। हर दिन एक नई खोज , नए उत्पाद से हमारा परिचय हो रहा है जो हमारे जटिल जीवन को सरल बना रहे हैं। विज्ञान हमारे लिए वरदान भी होता है तो अभिशाप भी होता है।

विज्ञान ने जितने भी साधनों का आविष्कार किया है वो सभी हमारे लिए वरदान सिद्ध हुए हैं लेकिन अगर हम उन साधनों का अनुचित प्रयोग करते हैं तो वो हमारे लिए अभिशाप बन जाते हैं। विनाशकारी साधनों पर रोक लगनी चाहिए। इस तरह से मनुष्य को खुद को बचाने के लिए विज्ञान को वरदान के रूप में ही प्रयोग करना चाहिए। विज्ञान का हमारे जीवन में बहुत महत्वपूर्ण योगदान है।

2

विज्ञान वरदान या अभिशाप पर निबंध

विज्ञान वरदान या अभिशाप पर निबंध

भूमिका : आज का युग विज्ञान का युग है। आज के वैज्ञानिक युग ने मनुष्य के जीवन में बहुत ही प्रभाव उत्पन्न किया है। आज मनुष्य के जीवन में जितनी भी गतिविधियाँ हो रही हैं वो सब विज्ञान की वजह से ही संभव हो पायी हैं। आज के समय में पुराने रहस्यों को भी खोज लिया गया है आज विज्ञान की वजह से ही आकाश की उंचाईयों से लेकर पाताल की गहराईयों को नापना संभव हो पाया है।

मनुष्य ने जो प्रगति की है उसका इतिहास इस बात का साक्षी है कि वह किसी समय जानवरों जैसा जीवन जीता था। गुफाओं में रहता था, कच्चा मांस और फल सब्जियां खाता था, पेड़ों और पौधों की पत्तियों और छालों को कपड़े की तरह पहनता था। धीरे-धीरे उसने आग जलाना सिखा और वहाँ से वह निरंतर आगे बढ़ता चला गया और आधुनिक युग में बहुत आगे बढ़ता चला गया है।

विज्ञान की वजह से मनुष्य जीवन हर तरह से बदल गया है। विज्ञान की वजह से ही मनुष्य आज इतनी ऊँचाईयों पर पहुंच पाया है। विज्ञान सुखों के लिए दुःख से जुडकर उसे वरदान और अभिशाप दोनों की तरह प्रस्तुत हुआ है।

विज्ञान का अर्थ : विज्ञान का अर्थ होता है- विशिष्ट ज्ञान। अथार्त किसी वस्तु या विषय के बारे में विशेष और व्यवस्थित ज्ञान होना। जब किसी के पास विशेष ज्ञान होता है तभी विशेष काम किये जाते हैं। विज्ञान शब्द दर्शन और साहित्य के क्षेत्र में भी अर्थ दे सकता है क्योंकि किसी भी विषय का विशिष्ट ज्ञान होना ही विज्ञान कहलाता है।

आज तक जो भी तरह-तरह के अविष्कार और खोज हुई हैं वे सब विज्ञान के ही परिणाम थे। विज्ञान का हमारे जीवन में इतना महत्व हो गया है कि हम सोते-जागते विज्ञान के आविष्कारों को अपने पास देखते हैं और उन्हें प्रयोग में लाते हैं।

आज के समय में जिस मनुष्य के पास विज्ञान है उसका जीवन सभ्य है लेकिन जिसके पास विज्ञान नहीं है उसका जीवन निरर्थक है। विज्ञान ने अपने बल पर पूरे संसार को एक परिवार बना दिया है आज के समय में ऐसी कोई जगह नहीं है जहाँ पर इसके उपकरण उपलब्ध न हों।

विज्ञान के लाभ : विज्ञान की वजह से मनुष्य जीवन आज बहुत ही सुखमय हो गया है। आज के समय में विज्ञान मनुष्य के जीवन से जुड़ गया है जिसके बिना मनुष्य अपने जीवन की कल्पना भी नहीं कर सकता है। विज्ञान ने मनुष्य के जीवन को सरल और सुखमय बनाने के लिए बहुत से आविष्कार किये हैं जैसे खेती को सरल बनाने के लिए हैकर, ट्रैक्टर, कम्पाइन जैसी मशीने, घरेलू कामों को सुखमय बनाने के लिए प्रेस, फ्रिज, मिक्सी जैसी मशीनों का आविष्कार किया है।

कोई ऐसा समय था जब लोगों के अकाल से मरने की खबर को बहुत सुना जाता है लेकिन विज्ञान की वजह से आज के समय में शायद ही कोई ऐसी खबर सुनने को मिलती है जिसमें लोग भूख से मरते हैं। पहले लोग पेड़-पौधों की पत्तियों और जानवरों की खाल से अपने शरीर को ढकते थे लेकिन आज के समय में सभी के पास अपने शरीर को ढकने के लिए कपड़े हैं।

पहले लोग प्लेग, मलेरिया, डेंगू, हैजा जैसी बीमारियों से ग्रस्त होकर मर जाते थे लेकिन आज के समय में विज्ञान ने इस सब बीमारियों को अपने नियंत्रण में कर लिया है। विज्ञान की वजह से हमारे दैनिक जीवन की सुख-सुविधाओं का भी आयोजन हो पाया है।

आज के समय में दुश्मनों से अपनी रक्षा करने के लिए बहुत से साधन उपलब्ध हैं। आज के वैज्ञानिक युग में हमारे लिए सुईं से लेकर बड़े-बड़े जहाजों, ट्रेनों, विमानों और कृत्रिम गृह तक बनाए जा चुके हैं। इन सब का उपयोग हम प्रत्यक्ष और परोक्ष रूप से करते हैं।

विज्ञान का प्रयोग : विज्ञान का प्रयोग हर क्षेत्र में किया जाता है। आज के समय में ऐसा कोई क्षेत्र नहीं है जहाँ पर विज्ञान का प्रयोग नहीं होता है। विज्ञान के साधन को हर क्षेत्र में देखा जा सकता है। मानव जीवन के क्षेत्र में विज्ञान एक वरदान की तरह है जिसे वह अपने जीवन में प्रयोग करता है।

1. संचार के क्षेत्र में : संचार के क्षेत्र में विज्ञान की वजह से बेतार के तार देना संभव हो पाया है। विज्ञान की वजह से ही टीवी, रेडियो, तार, टेलीफोन, फैक्स, इमेल और मोबाईलफोन आदि के आविष्कार की वजह से ही आज समाचार एक पल में एक जगह से दूसरी जगह भेजा जा सकता है। जितने भी कृत्रिम उपगृह हैं उन्होंने इस दिशा में और अधिक सफलता प्राप्त की है और नई-नई खबरें पल भर में प्राप्त हो जाती हैं।

2. यातायात के क्षेत्र में : पहले समय में मनुष्य को लंबी और दूर की यात्रा को पूरा करने के लिए वर्षों लग जाते थे लेकिन विज्ञान की मदद से आज मनुष्य ट्रेन, मोटर, पानी के जहाज, हवाई जहाज से दूर-से-दूर की यात्रा को बहुत ही जल्दी पूरा कर लेते हैं। यातायात में उन्नति होने की वजह से व्यापार के क्षेत्र में भी उन्नति हुई है। आज विज्ञान की वजह से ही व्यापार अपनी असीम उंचाईयों तक पहुंच पाया है।

3. दैनिक जीवन में : आज विज्ञान की वजह से मनुष्य की दैनिक जिन्दगी और अधिक सुखमय हो गई है। विज्ञान की वजह से कपड़े धोना, प्रेस करना, भोजन पकाना, सर्दियों में गर्मी और गर्मियों में सर्दी महसूस कराना, गर्मियों में ठंडा पानी करना जैसी सुविधाएँ उपलब्ध हो पायी हैं। विज्ञान की वजह से ही सर्दी और गर्मी दोनों से ही हमारी रक्षा होती है। आज की सारी औद्योगिक प्रगति इसी पर निर्भर करती है।

4. औषधीय क्षेत्र में : जिस तरह से मनुष्य ने विज्ञान के क्षेत्र में नए-नए आविष्कार किये हैं उसी तरह से मानव समाज ने नए-नए रोगों को भी प्राप्त किया है। आज मनुष्य भयानक और संक्रामक रोगों से ग्रस्त

होने के बाद भी मौत के मुंह से बच जाता है इन सब का श्रेय विज्ञान को ही जाता है।

विज्ञान की वजह से ही एक्स-रे, अल्ट्रासाउण्ड टेस्ट, एंजियोग्राफी, कैट स्केन, सिटी स्कैन जैसी मशीनों की वजह से शरीर के अंदर के रोगों के बारे में पता लगाया जा सकता हैऔर उस रोग का तुरंत उपचार करना भी संभव हो जाता है। विज्ञान की वजह से ही अंधों को आँखें और बहरों को कान और अंगहीनों को अंग देना संभव हो सका है।

5. औद्योगिक क्षेत्र में : विज्ञान के कारण ही औद्योगिक क्षेत्र की बड़ी-बड़ी मशीनों का निर्माण करना संभव हो पाया है। विज्ञान के कारण कल कारखानों का निर्माण किया गया जिससे मेहनत, समय और धन की बचत होने के साथ-साथ उसका सही मात्रा में उत्पादन भी हो सके। इसकी वजह से लोगों को वस्तुएँ सस्ते मूल्यों में उपलब्ध करायी जा सकती हैं।

6. कृषि क्षेत्र में : जिस देश की जनसंख्या 121 करोड़ से भी अधिक है अगर वो आज कृषि के क्षेत्र में अग्रसर हो पाया है तो यह विज्ञान की वजह से ही हुआ है। विज्ञान की वजह से ही किसान को उत्तम बीज, विकसित तकनीक, रासायनिक खाद, कीटनाशक, ट्रैक्टर और बिजली मिली है जिसकी वजह से कृषि को करना सरल हो गया है।

छोटे-छोटे बांधों की सहायता से नहरों को निकालना भी विज्ञान के कारण ही संभव हो पाया है जिसकी वजह से किसानों को कृषि में सहायता के लिए उनकी आवश्यकता के अनुसार पानी मिल सके।

7. शिक्षा के क्षेत्र में : शिक्षा के क्षेत्र में विज्ञान ने अपने आविष्कारों जैसे- इंटरनेट, कंप्यूटर से बहुत बड़ा योगदान दिया है। विज्ञान की वजह से ही शिक्षा के क्षेत्र में मुद्रा के यंत्रों का आविष्कार होना संभव हो पाया है। आज मुद्रण यंत्रों की वजह से ही पुस्तकों को छापना संभव हुआ है। इसके अलावा समाचार-पत्रों, पत्र-पत्रिकाओं और किताबों को छापना संभव हो पाया है। मुद्रण यंत्रों की वजह से जो क्रांति हुई है वह घर-घर पहुंचकर लोगों के ज्ञान में वृद्धि कर रही है।

8. मनोरंजन के क्षेत्र में : विज्ञान के कारण ही आज मनोरंजन के अनेक साधन जैसे- टीवी, रेडियो, चलचित्र का आविष्कार होना संभव

हुआ है। विज्ञान ने ही मनुष्य को सस्ता और सुलभ साधन दिया है।

वरदान के रूप में : विज्ञान एक वरदान होता है। विज्ञान उस नौकर की तरह होता है जिससे मनुष्य कुछ भी करवा सकता है और आवश्यकता के अनुसार उसके साथ कुछ भी कर सकता है। आज के मनुष्य का पूरा जीवन विज्ञान के वरदानों के आलोक से ही तो आलोकित है।

सुबह से लेकर शाम तक हम जो भी काम करते हैं वो सब सिर्फ विज्ञान के साधनों की वजह से ही संचालित होते हैं। जिन साधनों का प्रयोग हम अपने दैनिक जीवन में प्रयोग करते हैं वे सभी हमें विज्ञान के वरदान के रूप में प्राप्त हुए हैं। इसी वजह से कहा जाता है कि जो मनुष्य अनुभवी होता है वह विज्ञान के माध्यम से प्रकृति पर जीत प्राप्त कर सकता है।

आज के समय में रोज नए-नए आविष्कार हो रहे हैं। आज के समय में मनुष्य जितने भी साधनों का प्रयोग करता है वो सभी विज्ञान ने ही हमें दिए हैं।

आधुनिक युग : आज का युग बटन का युग है। आज के समय में विज्ञान की सहायता से बटन दबाने से पंखा चल जाता है और हमें शीतल हवा प्रदान करता है। अगर आप दुबारा बटन दबाते हैं तो पंखा बंद हो जाता है। आपके बस बटन दबाने की वजह से ही टीवी चल जाता है और अपने पर्दे पर सुंदर दृश्य प्रस्तुत करता है। टीवी से किसी गायक की सुंदर आवाज को आसानी से सुना जा सकता है। हम लोग गायक को देख भी सकते हैं और उसके गीतों का आनंद भी ले सकते हैं।

विज्ञान की हानियाँ : विज्ञान ने जहाँ पर मनुष्य के जीवन को इतने लाभ दिए हैं वहीं पर हानियाँ भी दी हैं। जहाँ विज्ञान ने मनुष्य जीवन को सभ्य और सहज बनाया है वहीं पर बंदूकों, बम्बों, मिसाइलों और जहरीली गैसों की वजह से मनुष्य के जीवन को बहुत भारी नुकसान भी पहुंचाया है।

विज्ञान ने मनुष्य को अपने भविष्य के प्रति भयभीत कर दिया है। आज के समय में पूरा विश्व एटम बम्बों और मिसाइलों के डर से कांप रहा है। इन सब की वजह से प्रदूषण में वृद्धि हुई है और वायुमण्डल की

ओजोनमंडल को भी बहुत नुकसान पहुँचा है।

अभिशाप के रूप में : विज्ञान का एक पक्ष वरदान है तो एक पक्ष अभिशाप भी है। विज्ञान एक ऐसा साधन है जिससे असीम शक्ति प्राप्त की जा सकती है। मनुष्य जिस तरह से चाहता है उस तरह से इसका प्रयोग कर सकता है। सभी को पता है कि विज्ञान में दैवीय शक्ति के साथ-साथ असुरी शक्ति भी है।

जब किसी मनुष्य की दैवीय शक्ति प्रबल होती है तो वह लोगों के हित के लिए काम करता है। लेकिन जब किसी मनुष्य में राक्षसी शक्ति प्रबल होती है तो वह हिंसक हो जाता है उसी तरह से विज्ञान की राक्षसी शक्ति विध्वंसक और संहारक शक्ति का रूप ले लेती है। जो गत विश्व युद्ध हुआ था उससे लेकर अब तक मनुष्य ने विज्ञान में बहुत उन्नति की है तो यह कहना यथार्त है कि विज्ञान की विध्वंसक शक्ति और अधिक बढ़ गई होगी।

विज्ञान ने विध्वंसक तरीकों के अलावा भी अन्य कई तरीकों से मनुष्य को नुकसान पहुंचाया है। विज्ञान ने भौतिकवादी प्रवृति को प्रेरणा दी है जिसकी वजह से धर्म और अध्यात्म से जो भी संबंधित विश्वास होते हैं वो थोथे और खोखले नजर आते हैं। मानव जीवन के जो भी पारस्परिक संबंध होते हैं वो कमजोर होने लगते हैं।

आज के विज्ञान की वजह से मनुष्य का जीवन और अधिक खतरों से भर गया है। विज्ञान के वरदान मशीनों ने अगर मनुष्य को सुख के साधन उपलब्ध कराये हैं तो साथ ही साथ उसके रोजगार को भी छीन लिया है। बिजली विज्ञान की एक महान देन है लेकिन बिजली का एक झटका ही मनुष्य की जान ले लेता है।

जिस तरह से रोज विज्ञान के आविष्कार हो रहे हैं उस तरीके से मनुष्य पर्यावरण असंतुलित होता जा रहा है। मनुष्य जीवन में सुख सुविधाओं की वजह से मनुष्य आलसी और आराम लेने वाला बन गया है जिसकी वजह से उसकी शारीरिक शक्ति खत्म होती जा रही है। इस वजह से नए-नए रोग उत्पन्न हो रहे हैं और मनुष्य में सर्दी और गर्मी सहने की शक्ति कम होती जा रही है।

उपसंहार : जहाँ पर विज्ञान मनुष्य के लिए वरदान साबित हुआ है वहीं पर अभिशाप भी शाबित होता है। यह बात मनुष्य पर निर्भर करती है कि वह उसका प्रयोग वरदान के रूप में करता है या फिर अभिशाप के रूप में। विज्ञान एक तलवार की तरह होता है जिससे मनुष्य की रक्षा भी की जा सकती है और अपने आप को हानि भी पहुंचाई जा सकती है।

इसमें तलवार का दोष नहीं होता है मनुष्य का होता है। विज्ञान एक ऐसा साधन जिसने विकास के मार्ग को खोल दिया है जिससे मनुष्य विश्व की बेरोजगारी, भुखमरी, महामारी को खत्म किया जा सकता है लेकिन यह तभी संभव है जब मनुष्य में आध्यात्मिक दृष्टि का विकास हो मानव कल्याण की सात्विक भावना जागे।

3

कंप्यूटर पर निबंध

कंप्यूटर पर निबंध

भूमिका : आवश्यकता आविष्कार की जननी होती है। अपनी आवश्यकता को पूरा करने के लिए ही आज तक मनुष्य हमेशा से नवीनतम आविष्कारों को सफल बनता आया है। मनुष्य ने विज्ञान की सहायता से द्रुतगामी आवागमन के साधनों को बना लिया है।

मनुष्य ने अपनी सुख-सुविधाओं को पूरा करने के लिए प्राकृतिक साधनों का दोहन कर उन्हें अपने अनुचर बना लिया है। विज्ञान ने मनुष्य को आज तक बहुत प्रकार की सुविधाएँ उपलब्ध कराई हैं। उन सारी सुविधाओं में कंप्यूटर का एक विशेष स्थान है। कंप्यूटर की सहायता से हर काम को अभिलंब किया जा सकता है।

इसी वजह से रोज इसकी उपयोगिता इतनी अधिक बढती जा रही है। हर उन्नत और प्रगतिशील देश स्वंय को कंप्यूटरमय बना रहा है। आज के समय में भी कंपूटर के प्रति आकर्षण बढ़ रहा है। मनुष्य अपनी हर कठिन समस्या को कंप्यूटर से ही हल करना चाहता है। कंप्यूटर एक कठिनतम प्रश्नों और समस्याओं को आसानी से हल करने का एक बहुत ही अच्छा साधन है।

कंप्यूटर का अर्थ : यह विज्ञान की एक महान देन है तो सभी लोगों को यह याद अवश्य रखना चाहिए कंप्यूटर क्या है और यह कैसे काम करता है? कंप्यूटर एक इलेक्ट्रॉनिक यंत्र है। कंप्यूटर एक जिज्ञासा उत्पन्न

होने वाला स्वाभाविक यंत्र है। कंप्यूटर एक ऐसे यांत्रिक मष्तिष्कों का रूपात्मक, समन्वयात्मक योग और गुणात्मक घनत्व है जो तेज गति से कम-से-कम समय में ज्यादा-से-ज्यादा काम कर सकता है।

गणना के क्षेत्र में कंप्यूटर का बहुत विशेष महत्व है। विज्ञान ने गणितीय गणनाओं के लिए बहुत से गणनायंत्रों का आविष्कार किया है परंतु कंप्यूटर की किसी से भी तुलना नहीं की जा सकती है। कंप्यूटर का काम होता है अभिकलन और परिकलन करना। शुरू में इसे सिर्फ गणित के क्षेत्र में प्रयोग करने के लिए बनाया गया था।

अभिकलन में योग, गुणन, विभाजन, वर्गमूल, व्यकलन को जानने जैसी सभी क्रियाएं सम्मिलित होती थी। कंप्यूटर का काम इन सब का तुरंत हल निकालना था। अब कंप्यूटर का काम सिर्फ गणित के क्षेत्र तक ही सिमित नहीं है बल्कि अब इसका प्रयोग हर क्षेत्र में किया जाता है और क्षेत्र की समस्याओं को यह आसानी से हल करने वाला यंत्र बन चुका है।

कंप्यूटर का अविष्कार और कार्य प्रणाली : सबसे पहले कंप्यूटर को 19 वीं शताब्दी में चार्ल्स बेवेज ने बनाया था। जब विभिन्न समस्याओं को हल करने के लिए यंत्र बनाया गया था उसे ही कंप्यूटर कहा जाता था। लेकिन कंप्यूटर कोई मानवेतर वस्तु नहीं है, न ही कोई जादू की छड़ी है जिसे घुमाया और काम हो गया और यह कोई ईश्वरीय शक्ति भी नहीं है जो असंभव को भी संभव करके दिखा दे।

कंप्यूटर एक मानव कृत है। कंप्यूटर केवल उन्हीं समस्याओं को हल कर सकता है जिन्हें मनुष्य हल करने में ज्यादा समय लेता हो या उस काम को कई लोग मिलकर हल करते हों। कंप्यूटर में केवल किसी समस्या या उसके हल को अंकित किया जाता है। एक हल जिसे कई लोग मिलकर लंबे समय में निकालते हैं उसे ही कंप्यूटर में अंकित किया जाता है।

जब कोई व्यक्ति उस प्रश्न के मुख्य हल को ढूंढता है तो बटन दबाने से उस प्रश्न का हल उसके सामने आ जाता है जो उसमें पहले से ही अंकित किया गया था। जिस तरह से एक कैलकुलेटर में सभी अंकों के योग, व्यकलन, गुणन, विभाजन और वर्गमूल आदि हलकर अंकित किये जाते हैं।

जब हम किसी भी संख्या का योग करते हैं तो उसका उत्तर हमारे सामने आ जाता है क्योंकि उसमें पहले से ही उसका उत्तर अंकित किया गया होता है। बहुत सी ऐसी संख्याएं होती हैं जिनका हल बटन दबाने से हमारे सामने नहीं आता है क्योंकि उसका हल उसमें अंकित ही नहीं होता है।

इसी तरह से विश्व की अन्य समस्याएं भी हैं। उन सभी के हल उनके विशेषज्ञों से पूंछकर उसमें हल अंकित कर लिए जाते हैं। जरूरत के समय में उसका हल हम बटन दबाते ही मालूम कर लेते हैं। किसी भी एक कंप्यूटर में लाखों समस्यायों के हलों को अंकित कर लिया जाता है। यदि कोई समस्या ऐसी होती है जिसका हल कंप्यूटर में अंकित नहीं किया गया होता है कंप्यूटर में उसका उत्तर सॉरी के नाम से लिखा हुआ आता है।

कंप्यूटर की विशेषता : कंप्यूटर एक बहुत ही आज्ञाकारी यंत्र होता है। कंप्यूटर अपने कर्तव्यों का पालन बहुत ही अच्छी तरह से करता है। कंप्यूटर कभी भी एक जैसे कामों को बार-बार करने से थकता नहीं है और बहुत ही तेजी से भी काम करता है। यह बात जानकर बहुत हैरानी होती है वर्तमान का कंप्यूटर प्रति सेकेंड में दस लाख से भी ज्यादा संक्रियाएं कर सकता है।

सबसे पहले कंप्यूटर की सबसे बड़ी यह विशेषता थी कि यह लंबी से लंबी गणनाओं को करने और उन्हें मुद्रित करने की क्षमता रखता था। कंप्यूटर खुद ही गणना करके कठिन-से-कठिन समस्याओं का समाधान जल्दी कर देता है। कंप्यूटर में की जाने वाली गणनाओं में एक विशेष तरह की भाषा में निर्देशों को तैयार किया जाता है।

इन सभी निर्देशों और प्रयोगों को कंप्यूटर की संज्ञा दी जाती है। कंप्यूटर का जो भी परिणाम होता है वह शुद्ध होता है। अशुद्ध उत्तर का उत्तरदायित्व उस पर नहीं बल्कि उसके प्रयोक्ता पर होता है। कंप्यूटर ने अपने सफल प्रयोगों से बहुत से क्षेत्रों में अपनी योग्यता को सिद्ध किया है। कंप्यूटर में लाखों और करोड़ों हलों को अंकित करने की प्रबल क्षमता होती है।

विभिन्न क्षेत्रों में कंप्यूटर का उपयोग : खेल के क्षेत्र में, औद्योगिक क्षेत्र में, युद्ध के क्षेत्र में और अनेक अन्य क्षेत्रों में भी कंप्यूटर का प्रयोग किया जा सकता है। कंप्यूटर का प्रयोग परीक्षा फल के निर्माण में, अंतरिक्ष यात्रा में, मौसम संबंधी जानकारी में, चिकित्सा में और चुनावों में भी किया जा रहा है।

भारत के गणित क्षेत्र में भी कंप्यूटर का बहुत प्रयोग किया गया है। अब किसी भी व्यक्ति को यात्रा करनी होती है तो भारतीय रेलवे प्रशासन ने दिल्ली में जनता के द्वारा यात्रा के आरक्षण के लिए कंप्यूटरों के द्वारा प्रवेश की व्यवस्था को भी उपलब्ध कर दिया है वे इस सुविधा को अन्य क्षेत्रों पर भी उपलब्ध करने की कोशिश कर रहे हैं बड़े-बड़े संगठनों में भी कंप्यूटर का प्रयोग किया जाता है।

कई जगहों पर विद्यालय और विश्वविद्यालय भी इसका प्रयोग परिणामों को तैयार करने में भी करते हैं। कंप्यूटरों का सबसे अधिक व्यापक प्रयोग उपग्रहों को आकाश में छोड़ने और चंद्रमा पर मनुष्यों को भेजने तथा उड़ान यंत्रों को नियंत्रित करने के लिए भी कंप्यूटरों का प्रयोग किया जाता है। इस तरह से कंप्यूटर मानव के हर क्रियाकलाप को प्रभावित कर रहा है।

आर्थिक विकास के लिए लाभकारी : भारतीय बैंकों और अन्य उपक्रमों के खतों का संचालन और हिसाब-किताब रखने के लिए कंप्यूटर का प्रयोग किया जा रहा है। समाचार-पत्रों और पुस्तकों के प्रकाशन में भी कंप्यूटर अपनी विशेष भूमिका निभा रहा है। कंप्यूटर से संचालित फोटो कंपोजिंग मशीन के माध्यम से छपने की सामग्री को भी टंकित किया जा सकता है।

जो मेटर टंकित होता है उसे कंप्यूटर पर देखा जा सकता है। संचार का एक महत्वपूर्ण साधन भी कंप्यूटर है। कंप्यूटर नेटवर्क के माध्यम से देशों के प्रमुख नगरों को एक-दूसरे के साथ जोड़े जाने की व्यवस्था पर बहुत ध्यान दिया जा रहा है। जो आधुनिक कंप्यूटर होता है वह डिजाइन तैयार करने में भी सहायक होता है।

भवनों, मोटर-गाड़ियों, हवाई जहाजों और घरों के डिजाइनों को बनाने में भी कंप्यूटर ग्राफिक्स का बहुत प्रयोग किया जा रहा है। एक

कंप्यूटर में कलाकार की भूमिका का निर्वाह करने की क्षमता पाई जाती है। अंतरिक्ष के क्षेत्र में भी कंप्यूटर ने अपने विशेष कमाल दिखाए है। कंप्यूटर की सहायता से अंतरिक्ष के व्यापक चित्रों को उतारा जा रहा है। इन सभी चित्रों का विश्लेषण भी कंप्यूटर के माध्यम से ही किया जाता है।

उपसंहार : इस तरह से भारत में कंप्यूटर का रोज प्रयोग बढ़ रहा है। बहुत से क्षेत्रों ने कंप्यूटर में उन्नति कर ली है जैसे- बंगलौर, हैदराबाद, गुडगाँव, नोयडा और मोहाली आदि। भारत में कंप्यूटर का भविष्य बहुत ही उज्ज्वल है लेकिन कंप्यूटर ने मनुष्य को अपंग बना दिया है।

कंप्यूटर की वजह से समाज में बेकारी की समस्या भी उत्पन्न हुयी है इसी वजह से हमें उन कामों को करने के लिए कंप्यूटर की सहायता नहीं लेनी चाहिए जिन्हें हम सरलता से कर सकते है। हमें पूरी तरह से यंत्रों पर निर्भर नहीं रहना चाहिए। कंप्यूटर का प्रयोग केवल कठिन समस्याओं को हल करने के लिए ही किया जाना चाहिए और हमें उसका दास नहीं अपितु मित्र बनना चाहिए।

4

दूरदर्शन के लाभ, हानि और महत्व पर निबंध

दूरदर्शन के लाभ, हानि और महत्व पर निबंध

भूमिका : विज्ञान ने आज के युग में बहुत उन्नति कर ली है। विज्ञान ने अनेकों अदभुत आविष्कार किये हैं। आज का युग काम करने का युग है। आज का मनुष्य दिन भर की भाग-दौड़ की वजह से शारीरिक और मानसिक रूप से थकावट महसूस करता है। इस थकावट को दूर करने के लिए वह नवीनता की इच्छा रखता है।

शारीरिक थकावट को तो आराम करके दूर किया जा सकता है लेकिन मानसिक थकावट को दूर करने के लिए मनोरंजन की जरूरत होती है। समय के कम होने की वजह से व्यक्ति को ऐसे साधन की जरूरत होती है जो उसका घर बैठे ही मनोरंजन कर सके। दूरदर्शन आज के युग का सबसे महत्वपूर्ण आविष्कार है जो एक मनोरंजन का साधन है।

मनुष्य की उद्देश्य पूर्ति के लिए विज्ञान ने एक चमत्कार उत्पन्न किया है। दूरदर्शन से शिक्षा भी प्राप्त की जा सकती है। मनुष्य के मन में दूर की वस्तुओं को देखने की बहुत इच्छा होती है। विज्ञान की वजह से ही दूर की वस्तुओं, स्थानों और व्यक्तियों को आसानी से देखा जा

सकता है। दूरदर्शन से दूर की घटनाएं हमारी आँखों के सामने प्रस्तुत की जा सकती है।

दूरदर्शन का अर्थ और विस्तार : टेलीविजन को हिंदी में दूरदर्शन कहते हैं। टेलीविजन दो शब्दों से मिलकर बना है- टेली और विजन। जिसका अर्थ होता है दूर के दृश्यों का आँखों के सामने उपस्थित होना। दूरदर्शन रेडियो की तकनीक का ही विकसित रूप है।

टेलीविजन का सबसे पहला प्रयोग 1925 में ब्रिटेन के जॉन एल० बेयर्ड ने किया था। दूरदर्शन का अविष्कार 1926 में जॉन एल० बेयर्ड के द्वारा किया गया था। भारत में दूरदर्शन का प्रसारण 1959 ई० में किया गया था। टेलीविजन मनोरंजन का सबसे महत्वपूर्ण साधन होता है। इसने समाज के सभी लोगों और वर्गों को प्रभावित किया है।

दूरदर्शन हर परिवार का एक अंग बन चुका है। दूरदर्शन मनोरंजन का सस्ता और आसानी से मिलने वाला साधन है। पूरे संसार के समाचार और दूरदर्शन से नई जानकारियां घर बैठे प्राप्त की जा सकती हैं। आज के समय में केबल या डिश से देशों के घर-घर में दूरदर्शन के अनेकों चैनल चल जाते हैं।

दूरदर्शन ने आज की युवा पीढ़ी को बहुत अधिक प्रभावित किया है। पहले समय में सिर्फ श्वेत श्याम दूरदर्शन हुआ करते थे। पहले लोग शाम से लेकर देर रात तक दूरदर्शन पर कार्यक्रम देखे जाते थे। लेकिन आज के समय में रंगीन और केबल दूरदर्शन का युग है। देखने वाले दर्शकों के लिए सौ से भी अधिक चैनल हैं।

सिधांत : दूरदर्शन का सिद्धांत रेडियों के सिद्धांत से बहुत अधिक मिलता है। रेडियो के प्रसारण में तो वार्ता या गायक स्टूडियो में ही अपना गायन या वार्ता को पेश करता है। इसकी आवाज से हवा में तरंगे उठती हैं जो माइक्रोफोन बिजली की तरंगों में बदल जाती है इन्हीं तरंगों को भूमिगत तारों से ट्रांसमीटर तक पहुंचाया जाता है जो उन तरंगों को रेडियो की तरंगों में बदल देता है। इन्ही तरंगों को टेलीविजन एरियल पकड़ लेता है।

दूरदर्शन पर हम सिर्फ वही देख सकते हैं जो दूरदर्शन का कैमरा चित्रित करता है और उन चित्रों को रेडियो तरंगों से दूर की जगह पर भेजा

जा रहा हो। इसके लिए दूरदर्शन के विशेष स्टूडियों का निर्माण किया जाता है जहाँ पर गायक या नृतक अपना कार्यक्रम पेश करते हैं।

युवाओं के जीवन का महत्वपूर्ण अंग : दूरदर्शन आज के युवाओं का एक महत्वपूर्ण और जरुरतमंद अंग बन गया है। अगर युवक दूरदर्शन का नियंत्रित और संयमित प्रयोग करे तो उनके लिए दूरदर्शन बहुत उपयोगी सिद्ध होगा नहीं तो उसके दुष्परिणामों से मनुष्य को कभी नहीं बचाया जा सकता है।

जिस तरह किसी कुएँ से पानी प्राप्त करके मनुष्य अपनी प्यास बुझा सकता है लेकिन अगर वो उस कुएँ में कूदकर आत्महत्या कर लेता है तो इसमें उसका कोई दोष नहीं होता है उसी तरह से दूरदर्शन युवा पीढ़ी की आधुनिक शिक्षा और संसार की हर जानकारी देने का साधन होता है लेकिन जब युवा छात्र अपना अमूल्य समय बेकार के कार्यक्रमों को देखने में गंवा देगा तो इसके लिए हम दूरदर्शन को दोष नहीं दे सकते हैं।

शिक्षा का सशक्त माध्यम : दूरदर्शन को शिक्षा का सशक्त माध्यम माना जाता है। दूरदर्शन पर सिर्फ औपचारिक शिक्षा के साथ-साथ अनौपचारिक शिक्षा का भी प्रसारण होता है। सिर्फ ध्वनि और शब्दों का सहारा लेकर पाठ्यक्रम नीरस हो जाता है। दूरदर्शन पर विद्यार्थियों के लिए नियमित पाठ का प्रसारण किया जाता है।

दूरदर्शन पर पाठ्यक्रम की जीती-जागती तस्वीर को देखकर विद्यार्थी की रूचि बढ़ जाती है और उन्हें भली-भांति समझ आ जाती है। दूरदर्शन पर अनपढ़ों के लिए साक्षरता के कार्यक्रम पेश किये जाते हैं। दूरदर्शन पर राष्ट्रीय शैक्षिक अनुसंधान और प्रशिक्षण परिषद् के द्वारा बच्चों, युवाओं, और प्रौढ़ों के लिए भी पाठों का प्रसारण किया जाता है।

शिक्षा के अलावा दूरदर्शन से कृषि के आधुनिक यंत्रों और दवाईयों के बारे में भी जानकारी मिलती है। दूरदर्शन पर ऐसे अनेक प्रकार के कार्यक्रम दिखाए जाते हैं जिनसे आज की युवा पीढ़ी अपनी बुरी आदतों से छुटकारा पा सकते हैं। दूरदर्शन से विद्यार्थी संसार की छोटी से छोटी जानकारी और समाचार पत्र प्राप्त कर सकता है।

भारतीय इतिहास, भारतीय संस्कृति और सभ्यता पर आधारित कार्यक्रमों से आज के समय का युवा वर्ग अपने प्राचीन समय की

जानकारी प्राप्त कर सकता है। इस तरह से दूरदर्शन ने युवा पीढ़ी के जीवन पर बहुत अधिक प्रभाव डाला है। भारत में कई करोड़ लोग निरक्षर होते हैं जिन्हें साक्षर बनाने के लिए दूरदर्शन का प्रयोग बनाया जाता है।

दूरदर्शन के लाभ : दूरदर्शन के बहुत अधिक लाभ हैं। इसकी मदद से हम घर बैठे देश-विदेश के अनेक समाचार सुन सकते हैं और समाचार को बोलने वाले को देख भी सकते हैं। संसार में कहीं भी होने वाले मैच या खेल को आसानी से देख सकते हैं। हमारे समाज में शराब पीना और बाल विवाह जैसी अनेक तरह की कुरुतियाँ फैली हुई हैं।

दूरदर्शन पर ऐसे कार्यक्रमों को पेश करना चाहिए जिससे इन कुरीतियों के दुष्परिणामों का पता चल सके। ऐसे कार्यक्रम देखने वालों के दिल पर बहुत प्रभाव डालते हैं। इसी तरह से धीरे-धीरे सामाजिक कुरीतियाँ भी दूर हो जाती हैं | इससे कोई भी लाभ उठा सकता है चाहे वो छात्र हो, शिक्षक हो, डॉक्टर हो, वैज्ञानिक हो,कृषक हो, मजदूर हो, व्यापारी हो, उद्योगपति हो या गृहिणी हो।

इसे आसानी से एक जगह से दूसरी जगह पर ले जाया जा सकता है। इसे देखने के लिए भी किसी प्रकार के चश्मे, मनोभाव या फिर अध्ययन की जरूरत नहीं होती है। इससे सिर्फ किसी भी क्षेत्र की जानकारी ही नहीं मिलती है इससे कार्य व्यापार, नीति ढंग, और उपाय को आसानी से दिखाया जाता है।

दूरदर्शन से हमें जीवन की समस्याओं और घटनाओं के बारे में बहुत ही आसानी से जरूरत के रूप में प्रस्तुत करते हैं। दूरदर्शन से हम अपने त्यौहारों, मौसमों, खेलों, तमाशे, नाच-गाने, कला, संगीत, पर्यटन, व्यापार, धर्म, साहित्य, दर्शन आदि के बारे में हर एक रहस्य खुलता जा रहा है। दूरदर्शन इन सभी जानकारियों को प्राप्त करने में आने वाली कठिनाईयों को भी बताता है और उनके हल के बारे में भी बताता है।

दूरदर्शन एक मनोरंजन का साधन : दूरदर्शन पर अनेक प्रकार के कार्यक्रम दिखाए जाते हैं। दुरदर्शन पर नाटक दिखाए जाते हैं, पिक्चर दिखाई जाती हैं और कई तरह के सीरियल भी दिखाए जाते हैं। दूरदर्शन से लोगों का भी बहुत मनोरंजन होता है। जब दफ्तर से आकर घर पर दूरदर्शन पर अपने मनपसंद कार्यक्रम को चलाते हैं तो सारे दिन की

थकान उतर जाती है।

अब हमें फिल्मों को देखने के लिए सिनेमाघर जाने की जरूरत ही नहीं होती है। हर रोज किसी न किसी तरह के विषय पर कार्यक्रम से अपना मनोरंजन करके एक विशेष तरह के उत्साह और प्रेरणा को प्राप्त कर सकते हैं। दूरदर्शन पर दिखाई जाने वाली फिल्मों से हमारा मनोरंजन होता है और धारावाहिकों से भी हमारा मनोरंजन होता है।

इसी तरह से बाल-बच्चों, वृद्धों, युवकों के साथ विशेष प्रकार के शिक्षित और अशिक्षित वर्गों के लिए दिखाए जाने वाले कार्यक्रमों से हम अपना मनोरंजन कर सकते हैं। इससे बहुत ज्ञान प्राप्त किया जा सकता है। दूरदर्शन पर इतने कार्यक्रम दिखाए जाते हैं कि मनुष्य चक्कर में पड़ जाता है कि किसे देखूं और किसे नहीं।

यह दुविधा इसलिए उत्पन्न हुई है क्योंकि पहले समय में सिर्फ एक ही सरकारी चैनल चलते थे लेकिन आज के समय में दो सौ से भी अधिक चैनल हैं। हर चैनल पर रात दिन कुछ न कुछ आता ही रहता है।

उपयोग : दूरदर्शन के मानव जीवन में उतने ही प्रयोग होते हैं जितने कि मानव जीवन में आँखों के प्रयोग होते हैं। दूरदर्शन पर हम नाटक, खेल-कूद, गाने आदि के कार्यक्रमों को देखकर अपना मनोरंजन कर सकते हैं। नेता भी अपना संदेश दूरदर्शन से लोगों तक प्रभावशाली ढंग से पहुँचा सकते हैं।

शिक्षा में भी दूरदर्शन का प्रयोग सफलता के साथ किया जाता है। आज के समय में लाखों और करोड़ों विद्यार्थी अपनी-अपनी कक्षा में बैठे किसी भी अच्छे अध्यापक को पढ़ाते हुए देख और सुन सकते हैं। समुंद्र के अंदर जब खोज की जाती है तब दूरदर्शन का प्रयोग किया जाता है।

अगर किसी डूबे हुए जहाज का पता लगाना होता है तब टेलीविजन कैमरे को पानी में उतारा जाता है। उसके द्वारा समुंद्र के अंदर की जानकारी ऊपर बैठे लोगों के पास पहुंच जाती है। अंतरिक्ष की जानकारी भी टेलीविजन से प्राप्त की जा सकती है।दूरदर्शन का प्रयोग हर वर्ग, हर उम्र, हर स्तर का व्यक्ति रूचि के साथ चौबीसों घंटे देख सकता है।

कुप्रभाव : दूरदर्शन विज्ञान की एक महान देन है लेकिन किसी भी वस्तु का दुरूपयोग करना संभव होता है। अगर व्यवहारिक रूप से देखें

तो आज के युवाओं के लिए दूरदर्शन प्रयोगी और सहायक की जगह पर बाधक ज्यादा सिद्ध हुआ है। बच्चों और बड़ों की गतिविधियाँ कमरे तक ही सिमित हो गई हैं।

ज्यादातर विद्यार्थी ऐसे कार्यक्रमों में रूचि लेते हैं जो शिक्षा से संबंध न रखकर कार्यक्रमों से संबंधित होते हैं। वे ऐसे कार्यक्रमों को चुनते हैं जो रसीले और रोचक होते हैं जैसे- फिल्में, गाने, खेल, सीरियल आदि। ऐसे कार्यक्रमों में हिंसा को बहुत बढ़ा-चढ़ाकर दिखाया जाता है, अशलील दृश्य को दिखाने पर अधिक बल दिया जाता है और झूठ, फरेब, कपट और धोके के नए-नए तरीके बताये जाते हैं।

अगर लोग अपने धर्मों को भूलकर कार्यक्रमों को ही देखने में लगे रहेंगे तो घर के सारे काम रुक जायेंगे। घटिया कार्यक्रमों से बच्चों की मानसिकता खराब होती है। बच्चे कमजोर और सुस्त बन जाते हैं। इन सब का बहुत बड़ा असर हमारे युवा वर्ग पर पड़ रहा है। समाज में चोरी, डकैती, लूट-मार सब कुछ इसी का परिणाम है।

किसी भी घर में तनाव का वातावरण बन जायेगा और दूरदर्शन का सबसे बुरा प्रभाव सबसे पहले आँखों पर पड़ता है। शहर के छोटे-छोटे घरों में टी॰ वी॰ को नजदीक से देखना पड़ता है जिसका बहुत बुरा प्रभाव आँखों पर पड़ता है। केवल पर चलने वाले अशलील और हिंसा को बढ़ावा देने वाले कार्यक्रमों पर सरकार की कोई भी रोक नहीं होती है और इन्हें देखकर युवा वर्ग भ्रमित हो जाते है। इस पर नियंत्रण करना बहुत जरूरी है।

दूरदर्शन पर सभी प्रोग्राम विद्यार्थियों के देखने योग्य नहीं होते हैं। ऐसे कार्यक्रमों को देखने से बच्चों के कोमल मन और मस्तिष्क पर बहुत बुरा प्रभाव पड़ता है। अगर बच्चे हर समय दूरदर्शन और पर लगे रहेंगे तो उनके स्वास्थ्य पर बहुत बुरा प्रभाव पड़ेगा। अगर दूरदर्शन खराब हो जाये तो इसकी मरम्मत करवाने में बहुत खर्चा होता है।

उपसंहार : जो तर्क हमने दिए हैं वो दूरदर्शन पर नहीं बल्कि दूरदर्शन पर दिखाए जाने वाले कार्यक्रमों पर हैं जो युवाओं को भ्रमित करते हैं। अगर हम दूरदर्शन को नकारेंगे तो उससे मिलने लाभों को भी समाप्त कर देंगे। हम दूरदर्शन के लाभों से यह बता सकते हैं कि दूरदर्शन विज्ञान

का एक बहुत ही अमूल्य अविष्कार है।

इसका प्रयोग देश की प्रगति के लिए भी किया जाना चाहिए। हमारी युवा पीढ़ी को संयम में रहकर ज्ञान के कार्यक्रमों को देखने की जरूरत है। दूरदर्शन तो एक ऐसा साधन है जिससे मनुष्य अपने जीवन को आनंद और उज्ज्वल कर सकता है। वास्तविक बात तो यह है कि किसी भी वस्तु में गुण ही गुण नहीं बल्कि दोष भी होते हैं। अमृत का प्रयोग अगर सीमा से ज्यादा किया जाये तो वह भी हानिकारक होता है।

5
इंटरनेट पर निबंध

इंटरनेट पर निबंध

    भूमिका : इंटरनेट शब्द को आज सभी लोग जानते हैं। बच्चे हों या बड़े सभी लोग इसका प्रयोग करना अच्छी तरह से जानते हैं। अगर सही अर्थों में देखा जाए तो आज इंटरनेट हम सभी के लिए जीने की वजह बन चुका है। इंटरनेट ने आज हमारी बहुत सी मुश्किलों को आसान कर दिया है जिसकी वजह से हमें हर काम बहुत आसान लगता है।

    इंटरनेट आज के समय में सभी का एक सस्ता दोस्त बन गया है। यह हमें नई-नई बातें सिखाता है, मुसीबत में हमारी मदद करता है और जब हम बोर होने लगते हैं तो हमारा मन भी लगाता है। इंटरनेट एक ऐसा माध्यम है जिसकी मदद से आप किसी भी दूर बैठे व्यक्ति से आसानी से संपर्क कर सकते हैं।

    इंटरनेट हमारे आज के जीवन में बहुत ही महत्वपूर्ण हो गया है। आज के समय में इंटरनेट दुनिया का सबसे बड़ा और सबसे लोकप्रिय नेटवर्क बन चुका है। इंटरनेट को आधुनिक और उच्च तकनीकी विज्ञान का आविष्कार भी माना जाता है। दुनिया भर के सभी नेटवर्क इंटरनेट से जुड़े हुए हैं इस तरह से हम इसे नेटवर्कों का नेटवर्क भी कह सकते हैं।

    इंटरनेट : इंटरनेट एक ऐसा नेटवर्क है जिसमें हम राउटर और सर्वर की सहायता से बहुत से कंप्यूटरों को आपस में जोड़ सकते हैं। इंटरनेट दुनिया का सबसे बड़ा नेटवर्क है। इसमें हम प्रोटोकॉल की सहायता से

कंप्यूटर को आपस में जोड़कर किसी भी जानकारी का आदान-प्रदान कर सकते हैं।

आज के समय में छोटा या बड़ा सभी कामों को इंटरनेट के माध्यम से ही पूरा किया जाता है। आप घर पर बैठकर अपना कोई भी काम इंटरनेट की सहायता से आसानी से कर सकते हैं। इंटरनेट आई.टी. के क्षेत्र में क्रांति लाने वाला संसार का सबसे बलशाली और बड़ा नेटवर्क है। दूसरे शब्दों में कहा जाए तो संसाधनों अथवा सूचनाओं का आदान-प्रदान करने के लिए TCP/IP प्रोटोकॉल के द्वारा दो अथवा कई कंप्यूटरस को एक साथ जोडकर अंत:संबंध स्थापित करने की प्रक्रिया को इंटरनेट कहते हैं।

इंटरनेट का इतिहास : इंटरनेट अपने आप में कोई अविष्कार नहीं है। इंटरनेट टेलीफोन, कंप्यूटर व दूसरी तकनीक को इस्तेमाल करके बनाया गया एक ऐसा जाल है जिसमें सूचना व तकनीक का साझा उपयोग किया गया है। इंटरनेट का निर्माण यूनाईटेड के रक्षा विभाग ने लगभग सन् 1960 को अपरानेट के नाम से शुरू किया था।

इंटरनेट का जन्म सन् 1969 में अमेरिका में किया गया था। इसे सबसे पहले सन् 1969 में अमेरिका के प्रतिरक्षा विभाग द्वारा एडवांस रिसर्च प्रोजेक्ट एजेंसी नेटवर्क नाम गुप्त आंकड़ों और सूचनाओं को दूर दराज के विभिन्न राज्यों तक भेजने व प्राप्त करने में लाया गया था। हमारे भारत देश में इंटरनेट 80 दशक में आया था।

कंप्यूटर का विकास होने के बाद उनमें जमा आंकड़ों और सूचनाओं के आदान-प्रदान की आवश्यकता अनुभव की गयी और इसी अनुभव ने विभिन्न विश्वविद्यालयों, सरकार द्वार प्रायोजित कंप्यूटर नेटवर्क तथा शोध व शिक्षा के लिए इंटरनेट का विकास किया गया। धीरे-धीरे इंटरनेट के विकास के साथ इसके फायदे और महत्व हर क्षेत्र में दिखाई देने लगे और यह तकनीक पूरी दुनिया में इंटरनेट क्रांति के रूप में फैल गया।

इंटरनेट का महत्व : इंटरनेट मनुष्य को विज्ञान द्वारा दिया गया एक सर्वश्रेष्ठ उपहार है। इंटरनेट अनंत संभावनाओं का साधन है। इंटरनेट के माध्यम से हम कोई भी सूचना, चित्र, वीडियो आदि दुनिया के

किसी भी कोने से किसी भी कोने तक पल भर में भेज सकते हैं। इंटरनेट के माध्यम से हम ई-मेल भेज सकते हैं और प्राप्त भी कर सकते हैं।

यह संदेश भेजने का और प्राप्त करने का सबसे सरल और सस्ता साधन है। इंटरनेट के माध्यम से हम दुनिया के किसी भी कोने में बैठे हुए अपने दोस्त अथवा संबंधियों से बात कर सकते हैं। इसे इंटरनेट चैटिंग कहते हैं जिसकी वजह से फेसबुक और वाट्सएप बहुत अधिक प्रसिद्ध हो रहे हैं।

इंटरनेट के माध्यम से हम अपने विचारों और वस्तुओं का पूरी दुनिया में प्रचार कर सकते हैं। यह विज्ञापन का सबसे सरल और प्रभावी माध्यम है। इंटरनेट के माध्यम से हम व्यापार भी कर सकते हैं और अपनी वस्तुओं और सेवाओं का क्रय-विक्रय भी कर सकते हैं। इसका सबसे बड़ा साधन वेबसाईट है।

इंटरनेट के माध्यम से हम नौकरी अथवा रोजगार पाने के लिए अपना बायोडाटा भी इंटरनेट पर डाल सकते हैं। वास्तव में इंटरनेट एक सार्वजनिक सुविधा है और कोई भी इसका उपयोग कर सकता है। आज मानव की सफलता के पीछे इंटरनेट का बहुत बड़ा योगदान है।

इंटरनेट के लाभ : इंटरनेट की सहायता से हम किसी भी प्रकार की जानकारी और किसी भी सवाल का हल कुछ ही पलों में प्राप्त कर सकते हैं। इंटरनेट के माध्यम से दुनिया के किसी भी कोने में बैठे किसी भी व्यक्ति से बिना शुल्क के घंटों तक बातें कर सकते हैं।

इंटरनेट एक वर्ल्ड वाइड वेब है जिसकी सहायता से हम दुनिया के किसी भी कोने में अपनी मेल या जरूरी दस्तावेजों को पलक झपकते ही भेज सकते हैं और प्राप्त कर सकते हैं। इंटरनेट मनोरंजन का एक बहुत अच्छा माध्यम है। इंटरनेट के माध्यम से संगीत, गेम्स, फिल्म आदि को बिना किसी अतिरिक्त शुल्क के डाऊनलोड कर सकते हैं और अपनी बोरियत को दूर कर सकते हैं।

इंटरनेट की सहायता से बिजली, पानी और टेलीफोन के बिल का भुगतान घर पर बैठे बिना किसी परेशानी के और बिना लंबी लाईनों में खड़े हुए किया जा सकता है। इंटरनेट से हमें घर बैठे रेलवे टिकेट बुकिंग, होटल रिसर्वेशन, ऑनलाइन शौपिंग, ऑनलाइन पढाई, ऑनलाइन

बैंकिंग, नौकरी, खोज आदि सुविधाएँ मिल जाती हैं।

इंटरनेट के माध्यम से होने वाले वित्तीय एवं वाणिज्यिक प्रयोगों ने बाजार की अभिधाराणाओं को एक नई रूप रेखा प्रदान की है। सोशल नेवर्किंग साइट्स के माध्यम से हम नए-नए दोस्त बना सकते हैं जिससे हमें बहुत कुछ नया सीखने को मिलता है। सोशल नेवर्किंग साइट्स के माध्यम से हम किसी भी खबर को एक ही पल में एक ही शेयर से बहुत सारे लोगों तक पहुंचा सकते हैं।

जो लोग किसी समस्या की वजह से रेगुलर क्लास लगाकर नहीं पढ़ सकते उनके लिए इंटरनेट क्रांतिकारी बदलाव लाया है। आज के समय में ऑनलाइन क्लासेस के माध्यम से कोई भी व्यक्ति घर पर ही पढकर परीक्षा दे सकता है। सुयोग्य वर-वधु की तलाश को भी इंटरनेट ने आसान कर दिया है।

इंटरनेट पर ऐसी बहुत सी मैट्रीमोनी साइट्स है जिन पर आप अपनी पसंद के जीवनसाथी की तलाश कर सकते हैं। जो लोग पार्ट टाइम जॉब करके पैसा कमाना चाहते हैं उनके लिए भी इंटरनेट एक वरदान के समान है। आज के समय में बहुत सारी ऑनलाइन जॉब्स उपलब्ध हैं जिससे घर बैठे ही पैसा कमाया जा सकता है।

कुकिंग सीखने के लिए भी अब कोई कुकिंग क्लासेज में पैसा बर्बाद करने की जरूरत नहीं है। आपको जो भी सीखना हो वो आप यू-ट्यूब पर लाइव देखकर सीख सकते हैं। इंटरनेट सेवा के माध्यम से अब ई कॉमर्स और ई बाजार कर बढ़ते चलन ने सेवा प्रदाताओं और उपभोक्ताओं के बीच की दूरी को मिटा दिया है।

इंटरनेट एक-दूसरे से जोड़ने में मदद करता है। आज के समय में इंटरनेट पर ऐसे बहुत से माध्यम मौजूद हैं जिनकी सहायता से हम एक-दूसरे से जुड़े रह सकते हैं। इससे हमें किसी के दूर होने का अहसास नहीं होता है। इंटरनेट हमारी पढाई में भी बहुत मदद करता है। आज के समय में बाजार में किताबें बहुत ही महंगी आती हैं और प्रत्येक व्यक्ति उन्हें खरीद नहीं सकता है। आप उन्हें इंटरनेट की सहायता से पढ़ सकते हैं और डाऊनलोड भी कर सकते हैं।

इंटरनेट की हानियाँ : इंटरनेट पर सुविधा की वजह से व्यक्तिगत जानकारी की चोरी बढ़ गई है जैसे- क्रेडिट कार्ड नंबर, बैंक कार्ड नंबर आदि। आज के समय में इंटरनेट का प्रयोग जासूसों के द्वारा देश की सुरक्षा व्यवस्था को भेदने के लिए किया जाने लगा है जो कि सुरक्षा दृष्टि से खतरनाक है।

इंटरनेट से रेलवे टिकेट बुकिंग, होटल रिसर्वेशन, ऑनलाइन शॉपिंग, ऑनलाइन बैंकिंग, नौकरी की खोज आदि सुविधाएँ घर बैठे ही मिल जाती हैं लेकिन इससे पर्सनल जानकारी जैसे आपका नाम, पता और फोन नंबर का गलत उपयोग होने का खतरा भी बना रहता है। आज के समय में गोपनीय दस्तावेजों की चोरी भी होने लगी है।

इसके लिए स्पामिंग का इस्तेमाल किया जाता है। यह एक अवांछनीय ई-मेल होती है जिसके माध्यम से गोपनीय दस्तावेजों की चोरी की जाती है। इंटरनेट के बढ़ते उपयोग की वजह से कैंसर की बीमारी होने लगी है। इंटरनेट के चलन की वजह से कुछ असामाजिक तत्व दूसरों के कंप्यूटर की कार्य प्रणाली को नुकसान पहुँचाने के लिए वायरस भी भेजते है।

जो व्यक्ति एक बार इंटरनेट का प्रयोग कर लेता है उसे इसकी आदत हो जाती है और फिर उसका एक दिन भी इंटरनेट के बिना गुजारना मुश्किल हो जाता है। इंटरनेट पर पोरोनोग्रफी साईट पर अत्यधिक मात्रा में अश्लील सामग्री विद्यमान है जिसका बुरा प्रभाव सबसे अधिक बच्चों पर और युवा पीढ़ी पर पड़ा है।

इस प्रकार की साइट्स को देखकर लोग गलत रास्ते की ओर बढ़ रहे हैं और अपराध की तरफ अग्रसर हो रहे हैं। इस प्रकार की अश्लील सामग्री इंटरनेट पर डालने वाले लोग बहुत अच्छी आमदनी कमा रहे हैं। यह हमारे समाज के लिए जहर की तरह है जिसके खतरनाक परिणामों को हम हर रोज देखते हैं।

इसलिए इस प्रकार की सामग्री इंटरनेट पर डालने से रोकने के लिए सख्त नियम बनाने चाहिए। इंटरनेट की वजह से सोशल साइट्स का चलन बढ़ गया है। अब लोग परिवार में बैठकर बातें करने की जगह पर अकेले रहना पसंद करते हैं। क्योंकि सोशल साइट्स पर ही उनकी एक

अलग दुनिया बन गई है जिससे परिवार बिखरने लगे हैं।

उपसंहार : इंटरनेट हमारा सबसे अच्छा दोस्त है। इससे हमें फायदे और नुकसान दोनों ही प्राप्त होते हैं। हमें सदैव इसका लाभ उठाना चाहिए जिससे हमें इससे फायदा हो सके। इसके कुछ नुकसान भी होते हैं इसलिए हमें इसके नुकसानों से दूर भी रहना चाहिए। जन इंटरनेट हमारी सहायता करता है तो हमें भी इसका नुकसान नहीं करना चाहिए।

6
मानव और विज्ञान पर निबंध

मानव और विज्ञान पर निबंध

भूमिका : आज का मानव प्राचीन युग के मानव से बिलकुल अलग बन गया है। आज के युग को विज्ञान के चमत्कारों का युग माना जाता है। विज्ञान दो शब्दों से मिलकर बना है- वि+ज्ञान। जिसका अर्थ होता है किसी वस्तु का विशेष ज्ञान। आज के युग के विज्ञान की उन्नति को देखकर संसार चकित हो गया है।

विज्ञान को विवेक का द्वार माना जाता है। अपने भौतिक सुखों के लिए ही मानव विज्ञान की शरण में आया है और विज्ञान मानव के लिए कल्पवृक्ष सिद्ध हुआ है। विज्ञान के बहुत से अद्भुत आविष्कारों को देखकर मनुष्य ने दाँतों तले ऊँगली दबा ली है। विज्ञान की चकाचौंध से मनुष्य स्तब्ध रह गया है।

विज्ञान और आधुनिक जीवन : विज्ञान और जीवन का घनिष्ट संबंध होता है। विज्ञान ने ही मानव जीवन को सुखमय बनाया है। किसी विद्वान् का कहना है कि विज्ञान ने अंधों को आँखें और बहरों को सुनने के लिए कान दिए हैं। उसने जीवन को दीर्घ बनाया है और डर को कम कर दिया है। विज्ञान ने पागलपन को वश में कर लिया है और रोगों का नाश किया है। जहाँ पर मनुष्य को विज्ञान से इतने सुख मिले हैं वहीं पर

दुःख भी प्राप्त हुए हैं। विज्ञान को मानव के लिए वरदान भी माना गया है और अभिशाप भी।

विज्ञान वरदान के रूप में : विज्ञान ने मनुष्य को अनेक सुख प्रदान किये हैं। जीवन के प्रत्येक क्रियाकलाप में विज्ञान का योगदान रहा है। विज्ञान ने मनुष्य की कल्पनाओं को सच कर दिखाया है। विज्ञान ने भाप, अणुशक्ति को अपने वश में करके मनुष्य के जीवन में चार-चाँद लगा दिए हैं। विज्ञान ने हेलिकोप्टर, हवाई जहाज जैसे यंत्रों का आविष्कार करके मनुष्य के सुख को चर्म सीमा तक पहुँचा दिया है।

विज्ञान ने मनुष्य के मनोरंजन के अनेक साधन प्रदान किये हैं। विज्ञान ने टेलीविजन, रेडियो, फोन, ग्रामोफोन, सिनेमा का आविष्कार करके मनुष्य के जीवन को बहुत ही रोचक बनाया है। आज हम विज्ञान की वजह से घर बैठे दूर-दूर के समाचारों को सुन और देख सकते हैं। विदेश में हो रहे कार्यक्रमों को भी हम घर बैठे आराम से देख सकते हैं। जहाँ पर सिनेमा को मनोरंजन के लिए प्रयोग किया जाता है वहीं पर दूसरी ओर सिनेमा को शिक्षा के लिए भी प्रयोग किया जा सकता है।

विज्ञान के चमत्कार : विज्ञान के आविष्कारों ने मनुष्य के जीवन को बहुत ही आनंदमय और रोचक बनाया है। लोग मशीनों के द्वारा ही पूरा काम खत्म कर लेते हैं। अन्न उगाने और कपड़ा बनाने के लिए मशीनों का प्रयोग किया जा रहा है। पहले लोग मिट्टी से बने दीपक जलाकर घरों में रोशनी किया करते थे लेकिन आज के लोग बटन दबाते हैं और घर जगमगाने लगता है।

चिकित्सा क्षेत्र में विज्ञान का उपयोग : विज्ञान ने चिकित्सा में उन्नति करके एक महत्वपूर्ण भूमिका निभाई है। एक्स रे से शरीर के अंदर के चित्र ले लिए जाते हैं और दिल, गुर्दे, फेफड़े का ऑपरेशन किया जाता है। अंधों को दूसरों की आँखें देकर देखने के योग्य बनाया जाता है। कैंसर जैसे रोगों को समाप्त करने के लिए कोबाल्ट किरणों का आविष्कार किया जाता है।

विज्ञान अभिशाप के रूप में : लेकिन जब मनुष्य विज्ञान का गलत प्रयोग करने लगता है तो विज्ञान उसके लिए अभिशाप बन जाता है। जब मनुष्य को विज्ञान की भयानकता का पता चल जाता है तो मनुष्य का

सारा उत्साह टूट जाता है। विज्ञान ने जिन आविष्कारों को मनुष्य के हित के लिए प्रयोग किया है वहीं पर उसके अहित के लिए भी प्रयोग किया है।

विज्ञान ने ऐटम बम और हाइड्रोजन बम बनाए हैं जिससे पूरा संसार एक ही पल में खत्म हो सकता है। जितना विनाश दूसरे विश्वयुद्ध में हुआ था उसकी पूर्ति विज्ञान सौ सालों में भी नहीं कर सकता है। हिरोशिमा और नागासाकी पर जो अणु बम्ब गिरे थे उनके परिणाम आज हमारे सामने हैं। बम्ब गिरने की वजह से वहाँ की संताने आज तक विकलांग पैदा होती हैं।

जब हम तीसरे विश्वयुद्ध की कल्पना करते हैं तो हमारा ह्रदय काँप उढ़ता है। विज्ञान के कारण ही प्रदुषण होता है। हवाई जहाजों से बम्ब गिराकर लोगों के घरों को तबाह कर दिया जाता है। विज्ञान से सबसे बड़ा नुकसान यह हुआ है कि इसने मनुष्य को बेकार बना दिया है। मशीनी युग के आ जाने से बहुत से लोगों की रोजी रोटी छिन गई है।

वैज्ञानिक प्रगति की वजह से ही मनुष्य की नैतिक धारणाएँ शिथिल हो गई हैं। हस्तकला में निपुण लोग मशीनों के अविष्कार से बेकार हो गये हैं। विज्ञान ने मनुष्य को शक्ति तो दी है पर शांति नहीं, सुविधाएँ तो दी हैं लेकिन सुख नहीं दिया है।

उपसंहार : विज्ञान तो बस एक शक्ति होती है। विज्ञान का मनुष्य सदुपयोग भी कर सकता है और दुरूपयोग भी। असल में जो विनाश हुआ था उसका जिम्मेदार हम विज्ञान को नहीं मान सकते वह तो निर्जीव होता है। विज्ञान का सदुपयोग करना है या दुरूपयोग यह बात मनुष्य पर ही निर्भर करती है।

विज्ञान तो मनुष्य का दास होता है। मनुष्य उसे जैसी आज्ञा देता है विज्ञान वैसा ही करता है। विज्ञान एक तलवार की तरह होता है जिससे किसी को बचाया भी जा सकता है और मारा भी जा सकता है। विज्ञान के प्रयोग को मनुष्य जाति के कल्याण के लिए किया जाना चाहिए मनुष्य जाति के विनाश के लिए नहीं।

7

समाचार पत्र पर निबंध

समाचार पत्र पर निबंध

भूमिका : मनुष्य एक सामाजिक प्राणी है क्योंकि उसमें बुद्धि और ज्ञान है। जितना ज्ञान मनुष्य में रहता है वह उससे और अधिक ज्ञान प्राप्त करना चाहता है और इसके लिए तरह-तरह के साधनों का आविष्कार करता है। विज्ञान ने संसार को बहुत छोटा बना दिया है। आवागमन के साधनों की वजह से स्थानीय दूरियां खत्म हो गयी हैं।

रेडियों, दूरदर्शन और समाचार पत्रों ने संसार को एक परिवार के बंधन में बांध दिया है। इन साधनों की मदद से हम घर पर बैठकर दूर के देशों की खबर पढ़ लेते हैं और सुन भी लेते हैं। इन साधनों की मदद की वजह से हमें दूसरे देशों में जाना नहीं पड़ता है।

कहाँ पर क्या घटित हुआ है किस देश की गतिविधियाँ क्या है यह बात हमें घर बैठे समाचार पत्रों से ही प्राप्त हो जाती है। मनुष्य के जीवन में जितना महत्व रोटी और पानी का होता है उतना ही समाचार पत्रों का भी होता है। आज के समय में समाचार पत्र जीवन का एक महत्वपूर्ण अंग बन चुका है। समाचार पत्र की शक्ति असीम होती है।

प्रजातंत्र शासन में इसका बहुत अधिक महत्व होता है। देश की उन्नति और अवनति दोनों समाचार पत्रों पर निर्भर करती है। भारत

के स्वतंत्रता संघर्ष में भी समाचार पत्रों और उनके संपादकों का विशेष योगदान रहा है। सुबह-सुबह जब हम उठते हैं तो हमारा ध्यान सबसे पहले समाचार पत्रों पर जाता है।

जिस दिन भी हम समाचार नहीं पढ़ते हैं, हमारा वह दिन सूना-सूना प्रतीत होता है। आज के समय में संसार के किसी भी कोने का समाचार सारे संसार में कुछ ही पलों में बिजली की तरह फैल जाता है। मुद्रण कला के विकास के साथ समाचार पहुँचने के लिए समाचार-पत्रों का प्रादुर्भाव हुआ। आज के समय में रोज पूरे संसार में समाचार-पत्रों द्वारा समाचारों का विस्तृत वर्णन पहुंच रहा है। वर्तमान समय में संसार के किसी भी कोने में कोई भी घटना घटित हो जाए दूसरे दिन उसकी खबर हमारे पास आ जाती है।

भारत में समाचार पत्र का आरंभ : भारत में अंग्रेजों के आने से पहले समाचार पत्रों का प्रचलन नहीं था। अंग्रेजों ने ही भारत में समाचार पत्रों का विकास किया था। सन् 1780 में कोलकाता में भारत का सबसे पहला समाचार पत्र प्रकाशित किया गया जिसका नाम दी बंगाल गैजेट था और इसका संपादन जेम्स हिक्की ने किया था। यही वो पल था जिसके बाद से समाचार पत्रों का विकास हुआ था।

भारत में सबसे पहले समाचार दर्पण का प्रकाशन आरंभ हुआ था। समाचार दर्पण के बाद उदंत मार्तंड का प्रकाशन भी आरंभ हुआ था। उसके तुरंत बाद, 1850 में राजा शिवप्रसाद सितारेहिंद ने बनारस अखबार को प्रकाशित किया था। इसके बाद भारत में बहुत सी पत्रिकाओं का संपादन किया गया था।

जिस तरह से मुद्रण कला का विकास होने लगा उसी तरह से समाचार पत्रों की भी संख्या बढने लगी थी। आज देश के प्रत्येक भाग में समाचार पत्रों का प्रकाशन हो रहा है। कुछ ऐसे राष्ट्रिय स्तर के समाचार भी होते हैं जिनका प्रकाशन नियमित रूप से होता है।

दैनिक हिंदुस्तान, नवभारत टाईम्स, दैनिक ट्रिब्यून, पंजाब केसरी हिंदी भाषा में प्रकाशित कुछ प्रसिद्ध समाचार पत्र होते हैं। इसी तरह से अंग्रेजी में बहुत से ऐसे प्रसिद्ध समाचार पत्र हैं जो पूरे भारतवर्ष में पढ़े जाते हैं। आज के समय में समाचार पत्रों का उद्योग एक स्थानीय

उद्योग बन चुका है क्योंकि इससे लाखों लोग प्रत्यक्ष और अप्रत्यक्ष रूप से जुड़े होते हैं।

समाचार-पत्रों का उद्भव और विकास : प्राचीन काल में समाचार पाने और भेजने के बहुत से साधन थे जैसे- कबूतर, घोडा, बाज, संदेशवाहक, भ्रमणकारी, पंडित तथा फकीर आदि। देवताओं के संदेशों को एक जगह से दूसरी जगह पर पहुँचाने का काम भी नारद जी करते थे। वे तीनों लोकों में समाचारों को फैलाते थे। वर्तमान समय के नारद हैं समाचार पत्र।

छापाखाना के आविष्कार के बाद समाचार पत्र छपने लगे। मुगलों के जमाने में भारत का पहला समाचार पत्र अखबार इ मुअल्ले निकला था जो हाथ से लिखा जाता था। समाचार-पत्रों का उद्भव 16 वीं शताब्दी में चीन में हुआ था। संसार का सबसे पहला समाचार पत्र पेकिंग गजट है, लेकिन यह समाचार पत्र का नितांत प्रारंभिक और प्राचीन रूप है। लेकिन समाचार पत्र के आधुनिक और परिष्कृत रूप का सबसे पहले प्रयोग मुद्रण के रूप में 17 वीं शताब्दी में इटली के बेसिन प्रांत में हुआ था।

उसके समाचारों को दूसरे स्थानों तक भी पहुंचाया गया था। फिर धीरे-धीरे यूरोप के अन्य देशों में भी इसका विकास बढ़ता गया था। समाचार पत्र का मुद्रण के साथ घनिष्ट संबंध होता है। जिस तरह से मुद्रण यंत्रों का विकास होता गया उसी तरह से समाचार पत्रों का भी विकास उत्तरोतर होता है। आज समाचार पत्र राष्ट्रिय स्तर पर ही नहीं बल्कि अंतर्राष्ट्रीय स्तर पर संसार में प्रयोग में लाये जाते हैं।

समाचार पत्रों के भेद : समाचार पत्र कई प्रकार के होते हैं। समाचार पत्रों को दैनिक, साप्ताहिक, पाक्षिक, मासिक, त्रैमासिक, वार्षिक आदि भागों में बांटा जाता है। दैनिक समाचार पत्रों में हर तरह के समाचार को प्रमुखता दी जाती है। अन्य पत्रिकाओं में समसामयिक विषयों पर विभिन्न लेखकों के लेख, किसी भी घटना की समीक्षा, किसी भी गणमान्य जन का साक्षात्कार प्रकाशित होता है। बहुत सी पत्रिकाएँ साल में एक बार विशेषांक निकालती हैं जिसमें साहित्यिक, राजनैतिक, धार्मिक, सामाजिक, पौराणिक विषयों पर ज्ञानवर्धक, सारगर्भित

सामग्रियों का वृहंद संग्रह होता है।

जनप्रतिनिधि : आज के समय में समाचार पत्र जनता के विचारों के प्रसार का सबसे बड़ा साधन सिद्ध हो रहा है। समाचार पत्र धनिकों की वस्तु न होकर जनता की आवाज है। समाचार पत्र शोषितों और दलितों की पुकार होते हैं। आज के समय में समाचार पत्र माता-पिता, स्कूल-कॉलेज, शिक्षक, थियेटर के आदर्श और उत्प्रेरक हैं।

समाचार पत्र हमारे परामर्शदाता और साथी सब कुछ होते हैं। इसी वजह से समाचार पत्र सच्चे अर्थों में जनता के विचारों का प्रतिनिधित्व करते हैं। समाचार पत्र बीते हुए कुछ घंटों पहले का ताजा और अच्छा चित्रण करते हैं। इसी वजह से समाचार पत्रों के लिए कहा जाता है कि सुबह के समाचार से ताजा कुछ नहीं और शाम के समाचार से बासी कुछ नहीं।

जन जागरण का माध्यम : समाचार पत्रों से हमें केवल समाचार ही प्राप्त नहीं होते हैं बल्कि जन-जागरण का भी माध्यम होता है। समाचार पत्र मानव जाति को समीप लाने का भी काम करते हैं। जिन देशों में लोकतंत्र की स्थापना हो चुकी है वहां पर उनका विशेष महत्व होता है। समाचार पत्र लोगों को उनके अधिकारों और कर्तव्यों से परिचित कराते हैं।

समाचार पत्र सरकार के उन कामों की कड़ी आलोचना करते हैं जो देश के लिए या जनसाधारण के लिए लाभकारी नहीं है। खुशी की बात यह है कि दो-चार समाचार पत्रों को छोडकर शेष सभी अपने दायित्व को अच्छी तरह से निभा रहे हैं। आपातकालीन स्थिति में हमारे देश के समाचार पत्रों ने अच्छी भूमिका निभाई और अन्याय तथा अत्याचार का डटकर विरोध किया।

विविधता : आखिर दो-तीन रुपए के समाचार पत्र में क्या नहीं होता है ? कार्टून, देश भर के महत्वपूर्ण और मनोरंजक समाचार, संपादकीय लेख, विद्वानों के लेख, नेताओं के भाषण की रिपोर्ट, व्यापार और मेलों की सूचना, विशेष संस्करणों में स्त्रियों और बच्चों के उपयोग की सामग्री, पुस्तकों की आलोचना, नाटक, कहानी, धारावाहिक, उपन्यास, हास्य व्यंग्यात्मक लेख आदि विशेष सामग्री शामिल होती है।

समाज सुधार : समाचार पत्र सामाजिक कुरीतियों को दूर करने में सहायता करते हैं। समाचार पत्रों से बड़ों-बड़ों के मिजाज ठीक हो जाते हैं। समाचार पत्र सरकारी नीति के प्रकाश और खंडन का सुंदर साधन होता है। इसके द्वारा शासन में भी सुधार किया जा सकता है।

समाचार पत्रों के लाभ : समाचार पत्र समाज के लिए बहुत लाभकारी होते हैं। समाचार पत्र विश्व में आपसी भाईचारे और मानवता की भावना उत्पन्न करते हैं और साथ-ही-साथ सामाजिक रुढियों, कुरीतियों, अत्याचारों के खिलाफ आवाज उठाते हैं। यही नहीं, ये लोगों में देशप्रेम की भावना भी उत्पन्न करते हैं। ये व्यक्ति की स्वाधीनता और उसके अधिकारों की भी रक्षा करते हैं।

चुनाव के दिनों में समाचार-पत्रों की भूमिका और भी महत्वपूर्ण होती जाती है। आज के समय में किसी भी प्रकार की शासन पद्धति ही क्यों न हो लेकिन समाचार पत्र ईमानदारी से अपनी भूमिका निभाते हैं। अमेरिका के राष्ट्रपति निक्सन के विरुद्ध समाचार पत्रों ने ही तो जनमत तैयार किया था। इसी तरह से समाचार-पत्रों के संपादकों और पत्रकारों ने अन्याय का विरोध करने के लिए अपने प्राणों का बलिदान दिया था।

समाचार पत्र विविध क्षेत्रों में घटित घटनाओं के समाचारों को चारों ओर प्रसारित करने के सशक्त माध्यम हैं। प्रत्येक देश के शासकों के विभिन्न कार्यक्रमों को समाचार पत्र यत्र-तत्र-सर्वत्र प्रसारित करते हैं। संसार में अंतर्राष्ट्रीय स्तर पर हो रहे विश्व संगठनों की विभिन्न गतिविधियों को समाचार पत्रों द्वारा ही दूर-दूर तक पहुंचाया जाता है।

हमारे देश में कई प्रमुख राष्ट्रिय स्तर के समाचार पत्र हैं जिनके संवाददाता हर क्षेत्र में विद्यमान रहते हैं जो अपने-अपने क्षेत्र की घटनाओं को मुख्य कार्यालय को प्रेषित करते हैं। समाचार पत्रों से ही हमें नवीन ज्ञान मिलता है। नए अनुसंधान, नई खोजों की जानकारी हमें समाचार पत्रों से ही मिलती है।

समाचार पत्रों में प्रकाशित होने वाली सरकारी सूचनाओं, आज्ञाओं और विज्ञापनों से हमें आवश्यक और महत्वपूर्ण जानकारी मिल जाती है। समाचार पत्र एक व्यवसाय बन गया है जिससे हजारों संपादकों,

लेखकों, रिपोर्टरों व अन्य कर्मचारियों को जीविका का साधन भी मिलता है। समाचार पत्रों से पाठक का मानसिक विकास होता है।

उनकी जिज्ञासा शांत होती है और साथ-ही-साथ ज्ञान पिप्सा भी बढ़ जाती है। समाचार पत्र एक व्यक्ति से लेकर सारे देश की आवाज होते हैं जो अन्य देशों में पहुंचती है। समाचार पत्रों से भावना एवं चिंतन के क्षेत्र का विकास होता है।

समाचार पत्रों में रिक्त स्थानों की सूचना, सिनेमा जगत के समाचार, क्रीडा जगत की गतिविधियाँ, परीक्षाओं के परिणाम, वैज्ञानिक उपलब्धियाँ, वस्तुओं के भावों के उतार-चढ़ाव, उत्कृष्ट कविताएँ चित्र, कहानियाँ, धारावाहिक, उपन्यास आदि प्रकाशित होते हैं। समाचार पत्रों के विशेषांक बहुत उपयोगी होते हैं। इनमें महान व्यक्तियों की जीवन गाथा, धार्मिक, सामाजिक आदि उत्सवों का बड़े विस्तार से परिचय रहता है।

व्यापार वृद्धि : समाचार पत्र व्यापार के सर्वसुलभ साधन होते हैं। क्रय करने वाले और विक्रय करने वाले दोनों ही अपनी सूचना का माध्यम समाचार पत्रों को बनाते हैं। समाचार पत्रों से जितना अधिक लाभ साधारण जनता को होता है उतना ही लाभ व्यापारियों को भी होता है। बाजारों का उतार-चढ़ाव भी इन समाचार पत्रों की सूचनाओं पर चलता है। सभी व्यापारी बड़ी उत्कंठा से समाचार पत्रों को पढ़ते हैं।

शिक्षा के साधन : समाचार पत्र केवल समाचारों का ही प्रसारण नहीं करते हैं अपितु बहुत से विषयों में ज्ञानवर्धन भी करते हैं। बहुत सहायक होते हैं। नियमित रूप से समाचारों को पढने से बहुत लाभ होते हैं। समाचार पत्रों को पढने से इतिहास, भूगोल, राजनीति, साहित्य, विज्ञान और मानवदर्शन का ज्ञान सहज में ही हो जाता है।

विभिन्न साप्ताहिक, पाक्षिक व मासिक पत्रिकाओं में अनेक साहित्यिक व दार्शनिक लेख निकलते रहते हैं जो विभिन्न अनुभवी एवम् विद्वान लेखकों द्वारा संकलित होते हैं। दैनिक समाचार पत्र के संपादकीय में समसामयिक विषयों पर अत्यंत सारगर्भित विचार व रहस्यपूर्ण जानकारी निकलती रहती है, जिससे उस विषय का गहन ज्ञान प्राप्त होता है।

मनोरंजन के साधन : समाचार-पत्रों से जनता का मनोरंजन भी होता है। दैनिक पत्रों में, विशेषकर शनिवार व रविवार के पत्रों में कई मनोरंजक कहानियाँ, चुटकुले, प्रहसन, पहेलियाँ आते हैं। इसके अलावा साप्ताहिक, पाक्षिक व मासिक पत्रिकाओं में तो मनोरंजन की भरपूर सामग्री उपलब्ध होती है। समाचार पत्रों में कहानी, गजलों और कविताओं का बहुत ही सुंदर संकलन होता है।

विज्ञापन : विज्ञापन भी आज के युग में बहुत महत्वपूर्ण हो रहे हैं। सभी लोग विज्ञापन वाले पृष्ठ को जरुर पढ़ते हैं क्योंकि इसी के सहारे वे अपनी जीवन यात्रा का प्रबंध करते हैं। समाचार पत्रों में अनेक व्यवसायिक विज्ञापन निकलते रहते हैं जिनमें विभिन्न कंपनियों में निर्मित वस्तुओं का प्रचार किया जाता है।

इनसे पाठकों को हर वस्तुओं के गुण, दोष व उपयोग का ज्ञान होता है। समाचार पत्रों में सरकारी, गैर सरकारी व निजी क्षेत्रों में नौकरियों के लिए भी विज्ञापन आते हैं जिनमें पाठक अपनी योग्यता के अनुसार प्रार्थना पत्र भेजते हैं। बहुत से पत्र तो पूर्णरूपेण रोजगार के लिए ही प्रकाशित होते हैं जैसे रोजगार समाचार आदि।

इन्हीं विज्ञापनों में नौकरी की मांगें, वैवाहिक विज्ञापन, व्यक्तिगत सूचनाएँ और व्यापारिक विज्ञापन आदि होते हैं। जो चित्रपट जगत् के विज्ञापन होते हैं उनके लिए विशेष पृष्ठ होते हैं। समाचार पत्र विज्ञान का एक सशक्त माध्यम होता है। उपभोग की वस्तुओं के विज्ञापनों को इन्हीं में छापा जाता है।

समाचार-पत्रों से हानियाँ : समाचार पत्र से जितने लाभ होते हैं उतनी हानियाँ भी होती हैं। समाचार पत्र सीमित विचारधाराओं में बंधे होते हैं। प्रायः पूंजीपति ही समाचार पत्रों के मालिक होते हैं और ये अपना ही प्रचार करते हैं। कुछ समाचार पत्र तो सरकारी नीति की भी पक्षपात प्रशंसा करते हैं।

कुछ ऐसे भी समाचार पत्र होते हैं जिनका एकमात्र उद्देश्य केवल सरकार का विरोध करना होता है। ये दोनों ही बातें उचित नहीं होती हैं। समाचार पत्रों से पूरा समाज प्रभावित होता है। समाचार पत्र कभी-कभी झूठे और बेकार के समाचारों को छापना शुरू कर देते हैं। कभी-

कभी तो समाचार पत्र सच्चाई को तोड़-तोडकर छाप देते हैं। इसी तरह से सांप्रदायिकता का जहर फैलाने में भी कुछ समाचार पत्र भाग लेते हैं।

जो लोग समाज को लूटते हैं और प्रभावशाली लोगों के दवाब में आकर वे उनके खिलाफ कुछ नहीं लिखते हैं। इसकी वजह से समाज में भ्रष्टाचार और अन्याय को बहुत बल मिलता है। कुछ समाचार पत्र पूंजीपतियों की संपत्ति होते हैं। उन समाचार पत्रों से न्याय, मंगल और सच्चाई की आशा ही नहीं की जा सकती है।

कुछ संपादक और संवाददाता अमीरों तथा राजनीतिज्ञों के हाथ बिककर उलटे-सीधे समाचार छापकर जनता को गुमराह करते हैं। समाचार पत्रों में सरकार की सही नीतियों को भी कभी-कभी गलत तरीके से पेश करके जनता को भ्रमित किया जाता है। अश्लील विज्ञापन लोगों के मनों में विशेषरूप से बच्चों के मन में कुत्सित भावना उत्पन्न करते हैं। कुछ विज्ञापनों को जनता को ठगने के लिए दिया जाता है।

उपसंहार : जो वस्तु जितनी अधिक महत्वपूर्ण होती है उसका दायित्व भी उतना ही अधिक होता है। समाचार-पत्र स्वतंत्र, निर्भीक, निष्पक्ष, सत्य के पुजारी होते हैं लेकिन उनका लगातार जागरूक होना जरूरी है। समाज में फैले हुए अत्याचार, अनाचार, अन्याय और अधर्म का विरोध करना ही समाचार पत्रों का दायित्व होता है।

इसी तरह से रुढियों, कुप्रथाओं और कुरीतियों का उन्मूलन करने में भी समाचार पत्र बहुत ही महत्वपूर्ण भूमिका निभा रहे हैं। आधुनिक युग में समाचार पत्रों का बहुत अधिक महत्व है। समाचार पत्रों का उतरदायित्व भी होता है कि उसके समाचार निष्पक्ष हों, किसी विशेष पार्टी या पूंजीपति के स्वार्थ का साधन न बनकर रह जाये।

आज की लोकप्रियता व्यवस्था में समाचार पत्रों का अत्यधिक महत्व होता है। समाचार पत्र ज्ञानवर्धन के साधन होते हैं इसलिए उनका नियमित रूप से अध्धयन करना चाहिए। समाचार पत्रों के बिना आज का युग अधुरा होता है। समाचार पत्रों की ताकत बहुत बड़ी होती है। आधुनिक युग में शासकों को जिसका भय होगा वे समाचार पत्र हैं।

किसी भी देश में समाचार पत्रों की स्वतंत्रता पर अंकुश नहीं लगाना चाहिए। गंदे, अश्लील और भ्रामक पत्रों पर रोक लगनी चाहिए। समाचार

पत्रों के लाभ और हानि का पूरा भार संपादक के ऊपर ही निर्भर करता है। संपादक के महत्व को अच्छी तरह से समझना चाहिए।

अगर वे धर्म, जाति, निजी लाभ जैसे विषयों को छोडकर ईमानदारी से अपना काम करे तो वास्तविक रूप में देश की सच्ची सेवा कर सकते हैं। संपादक जनता के विचारों का प्रतिनिधित्व करता है। उसे निर्भय होकर जनता के विचारों को अपनाना चाहिए और देश को उन्नति का मार्ग दिखाना चाहिए।

8
बिजली के उपयोग पर निबंध

बिजली के उपयोग पर निबंध

भूमिका : विज्ञान ने मनुष्य को अनेक वरदान स्वरूप अविष्कार दिए हैं जिनमें से बिजली भी एक वरदान है। बिजली का आविष्कार करके वैज्ञानिकों ने हम पर बहुत बड़ा अहसान किया है। हमारे जीवन में बिजली का बहुत उपयोग होता है। बिजली ऊर्जा का एक शक्तिशाली स्त्रोत होता है जिसका प्रयोग अनेक कामों को करने के लिए किया जाता है।

बिजली को भाप या पानी से बनाया जाता है। बिजली वैज्ञानिकों के आविष्कारों की बहुत बड़ी नदी है जिससे यह दुनिया हैरान रह गई है। इसके बिना आधुनिक जीवन की कल्पना भी नहीं की जा सकती है। यह पूरा दिन मनुष्य के अनुसार काम करती है यह मनुष्य के लिए भोजन बनाती है, कमरे साफ कराती है और रात को दिन में बदल देती है।

बिजली आज हमारे जीवन का एक महत्वपूर्ण अंग बन चुकी है। आज के समय में घरों में बिजली का प्रयोग और अधिक बढ़ गया है। अगर थोड़ी बहुत देर के लिए बिजली चली जाती है तो बहुत बड़ी समस्या उत्पन्न हो जाती है। आज के आधुनिक जीवन में बिजली मनुष्य के जीवन की एक बहुत बड़ी जरूरत बन गई है जिसके बिना मनुष्य किसी

भी काम को करने में सफल नहीं होता है।

बिजली से चलने वाले उपकरण : हम बिजली चमत्कारों को चारों ओर आसानी से देख सकते हैं। आज के समय में हर घर में रोशनी, हवा, गर्मी, दूरी की वार्तालाप, समाचार सुनने के उपकरणों को देखा जा सकता है। आज हर घर में रोशनी करने और हवा देने के लिए उपकरण हैं जिससे हमारा जीवन आरामदायक बन गया है।

आजकल सडकों, दुकानों और घरों में रोशनी की व्यवस्था है। आज के समय में हम वो सब काम रात में भी कर सकते हैं जो सिर्फ दिन में किए जाते थे। पहले हम हवा के लिए मेहनत किया करते थे लेकिन आज पंखों के आविष्कार से हमारा जीवन और भी आरामदायक हो गया है। अब बिजली के प्रयोग से सर्दियों में भी गर्मी का आनंद ले सकते हैं।

बिजली के चूल्हों से खाना भी बनाया जाता है। बिजली से कपड़ों पर प्रेस भी की जाती है। बिजली की गर्मी से एक बहुत बड़ा फायदा होता है कि इससे कभी वायु प्रदूषण नहीं होता है। बिजली की वजह से तार और टेलीफोन जैसे साधन उपलब्ध कराये गये हैं। तारों और टेलीफोन के जरिए हम दूर-दूर तक अपने संदेश को भेज सकते हैं।

बेतर साधन की वजह से हम बिना तार के संदेश, फोटो भेजे जा सकते हैं। रेडियो से कहीं दूर होने वाले कार्यक्रमों को आसानी से सुना जा सकता है। बिजली का प्रयोग घर की औरतों के लिए एक वरदान की तरह सिद्ध होता है। रसोईघर में भी बिजली की मदद से खाना बनाया जाता है। कपड़े भी बिजली की मदद से धुल जाते हैं।

आजकल चटनी बनाने और मिर्च मसाले पीसने के लिए और जूस बनाने के लिए भी मशीनों का प्रयोग किया जाता है। आजकल घर-घर में कंप्यूटर को देखा जा सकता है वह भी बिजली के करण ही आया है। भारत अभी इतना विकसित नहीं हुआ है इसी वजह से घरों में कंप्यूटर बहुत कम दिखाई देते हैं। जब कंप्यूटर की उपयोगिता का पता चलेगा तो घरों में भी इसका प्रयोग अधिक होने लगेगा।

भारी मशीनों में उपयोग : बिजली का प्रयोग भारी मशीनों में भी किया जाता है। बिजली का सबसे अधिक प्रयोग परिवहन में किया जाता है। बिजली की मदद से ट्राम और रेलगाड़ियों को भी चलाया जाता है।

बिजली के इंजन बहुत शक्तिशाली होते हैं और इनमें से किसी प्रकार के धुएँ के निकलने से प्रदूषण नहीं होता है।

इन यंत्रों को अधिक गति से भी चलाया जा सकता है और धीमी गति से भी। बिजली के सहारे संसार में ओद्योगिक क्रांति आ गई है। आज के समय में भरी-भरी औद्योगिक मशीने बिजली से ही चलाई जाती हैं। इन भारी-भारी औद्योगिक मशीनों से अनेक प्रकार की चीजें बनाई जाती हैं।

बिजली से बहुत भारी क्रेनें भी चलाई जा सकती हैं जो अधिक-से-अधिक बोझ को उठा सकती हैं। जो कारखाने बिजली से चलते हैं उनसे कभी वायु प्रदूषण नहीं होता है और दूसरे ऊर्जा के स्त्रोतों से यह बहुत सस्ती होती है। चिकित्सा के लिए भी बिजली का प्रयोग किया जाता है।

एक्स रे मशीनों को बिजली से चलाया जाता है जिससे रोगों के बारे में जानकारी प्राप्त की जाती है और डॉक्टर हमें यह बताने में सक्षम हो जाता है कि हमारे शरीर की कौन सी हड्डी टूट गई है और कौन सी हड्डी ठीक है। अगर बीमारी है तो सर्जरी के लिए उपकरणों का प्रयोग किया जाता है।

बिजली की वजह से ही वायलेट जैसी अनेक किरणों का उत्पादन हुआ है जो अनेक रोगों के इलाज में प्रयोग की जाती हैं। बिजली से चलने वाली मशीनों की वजह से ही दिल की धडकन रुक जाने पर उसे फिर से सक्रिय किया जा सकता है। बिजली कृषि में भी अपना योगदान दे रही है। बिजली से कृषि के लिए ट्यूब और कुएँ चलाने के उत्पादन में बहुत मदद करता है।

मनोरंजन का साधन : बिजली की वजह से ही मनोरंजन के साधन उपलब्ध हो पाए हैं। बिजली की वजह से ही रेडियों, टेलीविजन, वी०सी०आर० जैसे साधनों को मनोरंजन के लिए बनाना संभव हुआ है। आज टेलीविजन की वजह से हम दूर किसी स्थान पर होने वाली महत्वपूर्ण घटना को आसानी से देख सकते हैं।

आज हम बहुत से खेलों जैसे- क्रिकेट, टेनिस, फुटबाल, कबड्डी, और वॉलीबाल का सीधा प्रसारण घर बैठे आसानी से देख सकते हैं। बिजली का प्रयोग मनुष्य की सभी गतिविधियों में किया जाता है। बिजली की वजह से हमारे सुख कई गुना बढ़ जाते हैं।

जो लोग निर्धन होते हैं उनके घरों में भी मनोरंजन की वस्तुएँ आसानी से देखी जा सकती हैं। लेकिन इन साधनों का प्रयोग केवल बिजली से ही किया जा सकता है अगर बिजली न हो तो इनका प्रयोग नहीं किया जा सकता है।

उपसंहार : बिजली का उपयोग बहुत अधिक मात्रा में किया जाता है इसी वजह से इसके उपयोगों को गिनना बहुत अधिक कठिन है। बिजली ने हमारे जीवन के हर क्षेत्र को बहुत ही प्रभावित किया है। आज के समय में बिजली के बिना शहरी जीवन की कल्पना भी नहीं की जा सकती है।

बिजली का उपयोग घरेलू कामों में भी बहुत किया जाता है। हम इसका प्रयोग जितना चाहें उतना कर सकते हैं। बाजारों में बिजली से चलने वाले अनेक प्रकार के उपकरण मिल जाते हैं जिनका प्रयोग बहुत से घरों में किया जाता है। उपकरणों का प्रयोग व्यक्ति पर निर्भर करता है कि वह इनका प्रयोग कितना करता है।

भविष्य में बिजली का प्रयोग और भी अधिक विस्तृत रूप से हो जायेगा। ऐसा केवल कोई ही घर रहता है जिसमें बिजली का प्रयोग नहीं किया जाता है। बिजली हमारे जीवन की मूल आवश्यकता बन चुकी है इसके बिना जीना बहुत कठिन है।

9

ई-कॉमर्स व्यवसाय पर निबंध

ई-कॉमर्स व्यवसाय पर निबंध

भूमिका : आजकल लोग प्राचीन तरीकों को बहुत ही कम अपनाते है वे प्राचीन तरीकों को अपनाने की जगह पर आधुनिक तरीकों को अधिक अपनाते हैं। पुराने तरीकों में काम बहुत ही समय में होता है लेकिन आधुनिक तरीकों से काम बहुत ही जल्दी हो जाता है।

ई-कॉमर्स का अर्थ : ई कॉमर्स का अर्थ होता है इलेक्ट्रॉनिक कॉमर्स या हम कह सकते हैं इंटरनेट द्वारा व्यापार करना। आज के समय में इटरनेट के व्यापार में बहुत तेजी से वृद्धि हो रही है। सन् 1998 में इस मिडिया से 43 अरब डॉलर का व्यापार हुआ था। यह आज तक बहुत उन्नति कर रहा है।

ई-कॉमर्स का प्रारंभ : भारत में ई कॉमर्स अभी अधिक लोकप्रिय नहीं हुआ है लेकिन ऐसी आशा की जा रही है कि यह बहुत जल्दी लोकप्रिय हो जायेगा। अभी कुछ दिनों पहले हिमाचल में इंटरनेट के द्वारा एक तर्क सेब बेचा गया था। सुनील मेहता ने इस प्रकार का पहला विक्रय किया था।

इंटरनेट पर ऐसी नीलामी बैंगलोर की एक फर्म संजीवनी इंफाटेक ने की और खरीददारी चेन्नई के अमीर-उल-हसन ने की थी। कंपनी ने ये

नीलामी फर्मारबजारा.कॉम वेबसाइट से की थी। इसे देखकर ऐसा लगता है जैसे आगे चलकर ई-कॉमर्स से व्यापार में बहुत वृद्धि होगी।

ई-कॉमर्स से कार्यप्रणाली : इंटरनेट से व्यापार प्रणाली बहुत ही सरल होती है। अगर कोई व्यापारी कुछ खरीदना चाहता है तो वह वेब पेज से व्यापारी के इलेक्ट्रोनिक स्टोर में से उत्पादों को चुन लेता है। उस समय वह आर्डरफार्म को भर देता है। इसमें उत्पादों के साथ-साथ चीजों की कीमत भी दी जाती है।

जब वे चीजों का चुनाव कर लेते है तो साईट में हरकत होती है और वो खरीददार के अकाउंट को सूचना देते है। साईट को खरीदने वाले और बेचने वाले की सुरक्षा और प्रामाणिकता का मापदंड होता है। ये संदेश को सुरक्षित भेजने के लिए गुप्त संदेश की विधि को अपनाता है।

जब बेचने वाले को आर्डर मिल जाता है तो वह खरीददार के बैंक को कीमत देने के लिए इजाजत दे देता है। जब उसे इसकी स्वीकृति मिल जाती है तो वह कार्डहोल्डर को इसकी पुष्टि की खबर देने के बाद माल भेज देता है।

ई-कॉमर्स के लाभ : इस प्रिक्रिया को करने के बाद बेचने वाला खरीददार के बैंक को वास्तविक मूल्य की अदायगी का अनुरोध करता है। अंततः खरीददार के बैंक से धन राशि को बेचने वाले के बैंक में ट्रांफर कर देता है। व्यापार की इस प्रणाली से व्यापरी और ग्राहक का सीधा संपर्क हो जाता है।

इस प्रणाली में बिचौलियों को कमीशन नहीं देना पड़ता है। व्यापार का क्षेत्र बहुत बड़ा होता है और बिक्री से फायदा ज्यादा होता है। व्यापार प्रक्रिया को मिनटों में पूरा किया जाता है। इसके साथ-साथ पैसे की अदायगी भी पूरी हो जाती है। इसमें समय की बचत होती है।

घर पर बैठे व्यक्ति के सामने पूरा बाजार स्क्रीन पर आ जाता है और उसे खरीदने के लिए बाजार नहीं जाना पड़ता है। इस प्रक्रिया से जो माल खरीदा जाता है वो विश्वसनीय होता है। अगर इसमें कोई समस्या हुई तो बेचने वाले और खरीदने वाले दोनों ही सीधे बात करके समस्या का कोई न कोई हल ढूँढ लेते हैं।

उपसंहार : ई कॉमर्स के संचालन के लिए विशेष प्रकार के प्रशिक्षण की जरूरत होती है। आज के युवा के लिए इस क्षेत्र में काम के बहुत अधिक अवसर हैं। इसी लिए युवा ई-कॉमर्स में प्रशिक्षण प्राप्त करके अपना करियर बना सकते हैं।

www.ingramcontent.com/pod-product-compliance
Lightning Source LLC
LaVergne TN
LVHW041545060526
838200LV00037B/1141
* 9 7 8 1 6 8 5 0 9 4 0 2 7 *